経営は道なり心なり

井上昭正

致知出版社

はしがき

私は、グローバル時代の二十一世紀において、日本企業が、世界に類のない日本独自の企業家精神を発揮して、日本を世界に輝かせてほしいと切に願っている。

日本は「道《どう》」を尊ぶ国であり、日本人は「道」に生きる民族である。日本には古来、剣道、柔道、相撲《すもう》道などの武道や華道、茶道、書道などの芸道がある。

会社経営にも「経営道」という「道」があって然《しか》るべきであり、「経営道」を貫くことが、会社経営の正しいいき方である。会社経営で成功するためには、「経営は心なり」という「経営道」を究めていくことが肝心だ。

グローバル時代においてますます激化する国際競争に打ち勝ち、さらに世界経済の安定と発展に寄与していくために、日本企業は日本の良さを世界に示して差別化をはからなければならない。「経営道」こそ、日本が世界に誇る企業家精神である。

幕末の剣聖といわれ勝海舟の師匠であった島田虎之助は、「剣は心なり、心正しからざれば、剣また正しからず。剣を学ばんと欲すれば、先ず心より学ぶべし」と「剣心一致」を剣道の目的と定め、剣道修業の心構えとしている。

この島田虎之助の言葉を経営に当てはめれば、「経営は心である。心が正しくなければ経営もまた正しくない。経営を学びたいと思えば、先ず心から学ぶべきである」ということになる。経営の真髄は、正に「経心一致」ということになる。「経営道」は、企業が経営と事業の場において、正しい心で正しいことを行い続けていく企業の歩むべき道である。

このように、私が唱道《しょうどう》する「経営道」は、島田虎之助の言葉に由来しており、武士道を根源としている。私は「経営道」とは「経営は心なり」という道義の実践であると定義している。

私は数十年間に亘って経営コンサルタントとして、国内外の異なる業界の多くの大・中・小企業の経営コンサルティングと社員教育・研修の仕事に携わってきたが、常に「正しい会社経営とは何か」「会社経営の真髄とは何か」を探求し続けてきた。そして私が得た結論は、「経営は心なり」ということであった。

会社経営でいちばん大切なことは、「正しい心の実践である」ということであり、企業は業種や規模を問わず、企業が歩むべき正しい道を歩み続けることが「経営の真髄」であるということである。企業が正しい心をもって正しいことを行い続けることが「経営道」であり、企業は「経営は心なり」という「経営道」を歩み続けることによって世の為・人の為、さらに人類の為・世界の為に貢献することができる。

日本企業が「経営は心なり」という「経営道」を実践し、自社を存続・発展させ、日本の高潔な企業家精神を発揮し、日本と世界の国々との共存共栄をはかり、世界経済の発展と世界平和の達成に寄与することが望まれる。

本書は五章から成っている。第一章では日本は「道」を尊ぶ国であり、日本人は「道」に生きる民族であることを解説し、第二章では「経営道」の根源は武士道にあり、「経営道」が日本の伝統的企業家精神であることを解説し、第三章では「経営道七則」に基づく経営姿勢について教示し、第四章では「経営道」を実践する基本経営戦略（経営革新・人材育成・組織改革戦略）の展開について実践的ガイダンスを行い、第五章では「経営道」を海外現地で実践して、日本を世界に輝かせる日本独自の新しい国際戦略を提唱している。

私は本書によって「経営道」がより多くの日本企業に普及し、「経営道」を実践する企業が、清く、美しい日本を世界に示し、道義国家・日本を世界に輝かせてくれることを大いに期待したい。

最後に本書の刊行に際して絶大なご協力をいただいた株式会社致知出版社代表取締役社長藤尾秀昭様、同専務取締役編集部長柳澤まり子様、同編集部編集委員南部洋一様、同書籍編集部川久保守様、惠蘭ジーアンドエフデザイン株式会社代表取締役林光惠様、一般社団法人ソーシャルリーダーズクラブ理事長山元祥弘様に心から謝意を表します。

平成二十五年十月

井上　昭正

経営は道なり心なり＊目次

第二章　経営道＝「経営は心なり」の根源は武士道にあり

第五章　経営道で日本を世界に輝かせる新しい国際戦略

装幀——フロッグキングスタジオ

第一章

日本は「道」を尊ぶ国、日本人は「道」に生きる民族

一　日本は道義国家

（一）世界から賞賛された清く、美しい国・日本

日本の真の姿を世界に示そう

日本が世界に光り輝く国であるためには、第一にわれわれ日本人が世界に向けて日本の国家のアイデンティティと日本人の民族のアイデンティティを明確に打ち出し、日本の真の姿を示していくことが肝心だ。

われわれ日本人は日本人として生まれ、日本人として生きていくためには、自分たちの祖国である日本という国はいったいどんな国なのか、また日本人という民族はいったいどんな民族なのかということを正しく理解する必要がある。

そしてさらに、日本が世界に光り輝く国であるためには、われわれ日本人は世界と人類のために何を為すべきなのかを決め、実行する必要がある。

世界の偉人たちから高い評価を得ていた日本

日本は幕末の開国以来、世界の人々から世界で最高に清く、美しい国であると賞賛されてきた。ここでは、数多くの世界の偉人たちの賞賛の言葉のいくつかを紹介しておこう。

①　トーマス・アルバ・エジソン（一八四七－一九三一）アメリカの発明家

「これは養殖でなく、真の真珠だ。実は自分の研究でできなかったものが二つある。一つはダイヤモンドで、いま一つは真珠である。あなた（御木本幸吉《みきもとこうきち》のこと）が動物学上からは不可能とされていた真珠を発明完成されたことは世界の驚異だ」

②　ラフカディオ・ハーン・小泉八雲（一八五〇－一九〇四）日本に帰化したイギリスの文学者

「いったい日本の国では、どうしてこんなに樹木が美しいのだろう。西洋では梅が咲いても、桜がほころびても、かくべつなんら目を驚かすこともないのに、それが日本の国だと、まるで美の奇跡になる。その美しさは、いかほど前にそのことを書物で読んだ人でも、じっさい目のあたりにそれを見たら、あっと口がきけなくなるくらい、あやしく美しいのである」

③　ラビンドラナート・タゴール（一八六一－一九四一）インドの詩人・小説家

「日本人はたんに芸術の大家であるばかりでなく、人間の生活を芸術作品のように掌握《しょうあく》しているのだ」

④　バジル・ホール・チェンバレン（一八五〇－一九三五）イギリスの日本学者

「日本の婦人は極めて女性的である――親切で、優しく、誠実で、愛らしい」

⑤　エドワード・シルヴェスター・モース（一八三八－一九二五）アメリカの動物学者

「外国人は日本に数ヶ月いた上で、徐々に次のようなことに気づき始める。即ち彼は日本人はすべてを教える気でいたのであるが、驚くことには、また残念ながら、自分の国で人道の名に於《お》いて道義的教訓の重荷になっている善徳や品性を、日本人は生まれながらに持っているらしいことである。衣服の簡素、家庭の整理、周囲の清潔、自然及び自然物に対する愛、あっさりして魅力に富む芸術、挙動の礼儀正しさ、他人の感情についての思いやり……これ等は恵まれた階級の人々ばかりでなく、最も貧しい人々も持っている特質である」

⑥　アルバート・アインシュタイン（一八七九－一九五五）アメリカの理論物理学者

「この地球という星の上に今もなお、こんなに優美な芸術的伝統を持ち、あのような素朴さと心の美しさとをそなえている国民が存在している。……日本は絵の国、詩の国であり、謙虚の美徳は、滞在中最も感銘を受け忘れがたいものとなりました。……日本人以外にこれほど純粋な心を持つ人はどこにもいない。この国を愛し、尊敬すべきである」

⑦　イザベラ・バード（一八三一－一九〇四）イギリスの女性旅行者

「私たちは三等車で旅行した。平民のふるまいをぜひ見たかったからである。客車の仕切りは肩の高さしかなくて、たちまち最も貧しい日本人で満員になった。三時間の旅であったが、他人や私達に対する人々の礼儀正しい態度、そしてすべてのふるまいに私はただ感心するばかりだった。それは美しいものであった。とても礼儀正しく親切。イギリスの港町で多分目にするふるまいと較《くら》べて何という違いだろう。さらに日本人はアメリカ人と同様、自分のまわりの人への気配りから清潔で見苦しくない服装で旅行している。老人や盲人《もうじん》に対する日本人の気配りもこの旅で見聞した。私達の最も良いマナーも日本人のマナーの気品、親切さに及ばない」

⑧　フィンセント・ファン・ゴッホ（一八五三－一八九〇）オランダの画家

「日本は太古から芸術性が高い……日本芸術を研究すると、明らかに賢者であり、哲学者であり、知者である人物に出会う。その人は何をして時を過ごしているのだろうか。地球と月の距離を研究しているのか。ちがう。ビスマルクの政策を研究しているのか。いや、ちがう。その人はただ一本の草の芽を研究しているのだ。……まるで自身が花であるように、自然の中に生きる、こんな簡素なこれらの日本人が、われわれに教えてくれているものこそ、まずは真の宗教ではないだろうか」

⑨　ポール・クローデル（一八六八－一九五五）在日フランス大使・詩人・劇作家

「私はどうしても滅びてほしくない一つの民族がある。それは日本人だ。あれほど古い文明をそのままに今に伝えている民族は他にはない」

⑩　アーノルド・トインビー（一八八九－一九七五）イギリスの歴史学者

「伊勢神宮というこの聖地で、私はあらゆる宗教の原点にある統一的なものを感ずる」

⑪　チャールズ・スペンサー・チャップリン（一八八九－一九七七）イギリスの映画俳優・監督

「日本人はみな親切で正直だ。何をやるにつけ信用できる。そのため自然と日本人が好きになった。こんな人たちをつくり出している日本という国は、一体どんな国だろう？　一度行ってみたいものだと思い始めた」（1）

⑫　ニコライ　ロシア人・幕末来日の宣教師
「上は武士から下は庶民に至るまで礼儀正しく、弱い者を助ける美しい心、忠義と孝行が貴ばれる国、このような精神的民族をかつて見たことがない。……心優しく美しい日本の心の華は、武士道である」

⑬　W・E・グリフィス　アメリカの学者　明治三年来日
「日本の若い侍たちは、その人格の尊厳において、その勤勉さにおいて、その勇気において、紳士的な行動において、その優雅にして愛情に満ちている行動において、その真理を愛して正直である点において、その道徳的な点において、すばらしかった」（2）

このように、世界の偉人たちが、日本人は清らかであり、日本は美しい国だと異口同音の日本観を述べている。

ではなぜ日本はこのように清く、美しい国であると多くの外国人から賞賛されたのだろうか。それは日本が「道」を尊ぶ国であり、日本人が「道」に生きる民族であるからだ。日本は「道義」を重んじる「道義国家」であり、日本人は人として守り行うべき道である「人道」を歩む民族であるからだ。

（二）道義を重んじる日本企業

教育勅語に示された国民の歩むべき道

とくに戦前・戦中の日本国民は、教育勅語の中で挙げられている次の十二の徳目を守り行うことが国民の歩むべき道（日本道）であるという生活信条と、日本は道義国家であるという祖国への誇りをもって、世の為、人の為に尽くす生き方をしていた。

教育勅語の十二徳目（3）

一、孝　行　子は親に孝養をつくしましょう

二、友　愛　兄弟、姉妹は仲良くしましょう

三、　夫婦ノ和　　夫婦はいつも仲むつまじくしましょう
四、　朋友ノ信　　友だちはお互いに信じ合ってつき合いましょう
五、　謙　遜　　自分の言動をつつしみましょう
六、　博　愛　　広くすべての人に愛の手をさしのべましょう
七、　修学習業　　勉学に励み職業を身につけましょう
八、　智能啓発　　智徳を養い才能を伸ばしましょう
九、　徳器成就　　人格の向上につとめましょう
十、　公益世務　　広く世の人々や社会の為になる仕事にはげみましょう
十一、遵　法　　法律や規則を守り社会の秩序に従いましょう
十二、義　勇　　正しい勇気を持ってお国の為に真心をつくしましょう

教育勅語の十二の徳目は、道徳教育の指針として、日本人は小学生のときから修身の授業で道徳心を培《つちか》ってきたので、戦前の日本人は高い徳性を身につけていた。日本人と直接、接した外国人たちは、日本人の高い道義心に感服したのである。

教育勅語は総理大臣山縣有朋《やまがたありとも》と文部大臣芳川顕正《よしかわあきまさ》の責任のもとに、法制長官井上《いのうえ》

毅《こわし》が原案を作成し、枢密《すうみつ》顧問元田永孚《もとだながさね》が協力して起草が進められ、「政治に左右されることなく、軍政にとらわれず、哲学的難解を避け、宗教的に一宗一派に片よらず、国民の誰でもが心がけ実行しなければならない徳目を挙げて、道徳の普及、教育の向上を望んで」（明治神宮社務所刊）編纂《へんさん》され、明治二十三（一八九〇）年十月三十日に煥《かん》発《ぱつ》された。

教育勅語は戦後、昭和二十二年に教育基本法が制定された後、二十三年六月の衆参両院の国会決議により失効した。

教育勅語の十二徳目は、われわれ日本人が「道」に生きていくためには欠かせない大切な道徳心であり、経営者にとっても道義を重んじる経営道を実践する上で欠かせない企業家精神の根幹である。

教育勅語の徳目を社是に掲げたキユーピーの経営理念

戦前設立され、戦後も存続、発展し続けてきた優良企業の中には「道義」を社是・社訓に掲げてきた立派な企業が沢山ある。ここでは、キユーピーマヨネーズのキユーピーの事例を挙げておこう。

キユーピーマヨネーズが創業以来九十年にわたってトップ・ランキングのシェアを確保してこれたのは、消費者のキユーピーに対する絶対的な信頼と高い評価によるものだと、私は思う。

その最大の原因は、私は、キユーピーが掲げる社是「楽業偕悦《らくぎょうかいえつ》」と社訓「道義を重んずる事」「創意工夫に努める事」「親を大切にする事」にあると思う。創業者中島《なかしま》董一郎《とういちろう》は、仕事に対する基本的な心構えについて、次のように述べている。

「志を同じくする人と業を楽しんで悦びをともにする、そこに仕事のやりがいがあると思います。まず心がけなければならないのは、道義を重んずること。つまり目先の損得ではなく、何が本当か、正しいかということを判断の基準にすることです。ただ、それだけでは目的を実現することはできません。そこで次に大切なのは創意工夫です。世の中は存外公平なものであり、もし公平でない結果が出たとすれば、道義を重んずることに問題があったか、創意工夫に欠けていたからだと反省をしてみてください。そうすれば必ず、公平な結果が出てくるはずです。

そしてもうひとつ、親孝行をしてください。わが子を思う親の気持ちをありがたく感じ、それに報いようとする気持ちが親孝行です。したがって親孝行のできる人とは、人の好意をありがたく感じ、それに報いようとすることのできる人です。そういう人の周囲には、また好意をもって接してくれる人が集まり、その会社はおのずから発展するはずです」

キユーピーの経営者と社員が、この創業の精神を誇りをもって社風として受け継ぎ、社会に対して実践してきたこと、そしてさらに、創業者中島董一郎の高潔な品性がキユーピーの品位ある社風を育んだことが、消費者のキユーピーに対する高い評価と信頼を生む原動力となったことは間違いない。

成功する事業は、その企業の品位と経営者の品性によってもたらされるということをキユーピーの経営姿勢は如実に示している。(4)

このように、キユーピーの創業者中島董一郎は、教育勅語の中で挙げられている徳目の「孝行」を社訓として掲げ、教育勅語の精神である道義を重んじる経営を実践した経営者であった。

キユーピーのように道義を重んじる経営姿勢が、日本の伝統的企業家精神として多くの心ある経営者たちに連綿《れんめん》として受け継がれた。その結果日本企業は世界の国々から尊敬と信頼を勝ち取り、高い国際的評価を得ている。

多くの日本の企業創業者は「世の為、人の為」という創業の志を立て起業しているが、この建社の精神は、教育勅語の徳目である「公益世務《こうえきせいむ》」に他ならない。また多くの日本企業の社員教育・研修は、教育勅語の徳目である「修学習業」「智能啓発」「徳器成就」を目的として実施されており、コンプライアンス（法令遵守）も教育勅語の「遵法」の実践である。

このように、日本企業が教育勅語が挙げている徳目を自社の経営理念として掲げ、道義を重んじる経営を実践していることは、道義が日本企業の伝統的企業家精神のバックボーンとなっていることを実証している。

われわれ日本人は、日本が清く、美しい道義国家であることに誇りを抱いて、道義を守り、貫く姿勢を世界に示していくことが、日本を世界に光り輝かせる原動力になることを自覚すべきである。

道義こそ、日本の国家のアイデンティティであり日本民族のアイデンティティである。戦後の日本人は、「道義国家」の旗印《はたじるし》のもとに、日本人としての誇りをもち、徳性を涵養《かんよう》し、道義を重んじ、世界に光り輝く、清く、美しい日本を再現するために立ち上がらなければならない。ここで教育勅語を掲載しておこう。

朕惟フニ我カ皇祖皇宗國ヲ肇ムルコト宏遠ニ徳ヲ樹ツルコト深厚ナリ我カ臣民克ク忠ニ克ク孝ニ億兆心ヲ一ニシテ世世厥ノ美ヲ濟セルハ此レ我カ國體ノ精華ニシテ教育ノ淵源亦實ニ此ニ存ス爾臣民父母ニ孝ニ兄弟ニ友ニ夫婦相和シ朋友相信シ恭儉己レヲ持シ博愛衆ニ及ホシ學ヲ修メ業ヲ習ヒ以テ智能ヲ啓發シ徳器ヲ成就シ進テ公益ヲ廣メ世務ヲ開キ常ニ國憲ヲ重シ國法ニ遵ヒ一旦緩急アレハ義勇公ニ奉シ以テ天壤無窮ノ皇運ヲ扶翼スヘシ是ノ如キハ獨リ朕カ忠良ノ臣民タルノミナラス又以テ爾祖先ノ遺風ヲ顯彰スルニ足ラン斯ノ道ハ實ニ我カ皇祖皇宗ノ遺訓ニシテ子孫臣民ノ倶ニ遵守スヘキ所之ヲ古今ニ通シテ謬ラス之ヲ中外ニ施シテ悖ラス朕爾臣民ト倶ニ拳々服膺シテ咸其徳ヲ一ニセンコトヲ庶幾フ

明治二十三年十月三十日

御名御璽

【口語文訳】

私は、私達の祖先が、遠大な理想のもとに、道義国家の実現をめざして、日本の国をおはじめになったものと信じます。そして、国民は忠孝両全の道を全《まっと》うして、全国民が心を合わせて努力した結果、今日に至るまで、見事な成果をあげて参りましたことは、もとより日本のすぐれた国柄の賜物《たまもの》といわねばなりませんが、私は教育の根本もまた、道義立国の達成にあると信じます。

国民の皆さんは、子は親に孝養を尽くし、兄弟・姉妹は互いに力を合わせて助け合い、夫婦は仲睦《むつ》まじく解け合い、友人は胸襟《きょうきん》を開いて信じ合い、そして自分の言動を慎み、すべての人々に愛の手を差し伸べ、学問を怠らず、職業に専念し、知識を養い、人格を磨き、さらに進んで、社会公共のために貢献し、また、法律や、秩序を守ることは勿論《もちろん》のこと、非常事態の発生の場合は、真心を捧げて、国の平和と安全に奉仕しなければなりません。そして、これらのことは、善良な国民としての当然の努めであるばかりでなく、また、私達の祖先が、今日まで身をもって示し残された伝統的美風を、さらにいっそう明らかにすることでもあります。
このような国民の歩むべき道は、祖先の教訓として、私達子孫の守らなければならないところであるとともに、この教えは、昔もいまも変わらぬ正しい道であり、また日本ばかりでなく、外国へ行っても、間違いのない道でありますから、私もまた国民の皆さんとともに、祖父の教えを胸に抱いて、立派な日本人となるように、心から念願するものであります。

～国民道徳協会訳文による～

二　さまざまな「道」が織り成す日本の「道」

（一）「道」に培われた日本の伝統と文化

武道や芸道の伝統が道義国家・日本を築いた

日本は古来、剣道、柔道、相撲道、弓道、合気道、空手道などの武道や華道、茶道、書道、歌道、香道、繍道《ぬい》などの芸道がある。

日本人は建国以来、長い歴史の中で士道、師道、婦道、商道などさまざまな「道」が融合した日本独自の「日本道」の伝統と文化を創造し、継承し、世界に誇る清く、美しい道義国家を築いてきた。

日本人は日本人としての自分の生き方を自分の個性や資質や目的に適合した「道」に求め、その「道」を究めることに生き甲斐を感じている。また剣道や茶道など特定の「道」をたしなまなくても、日本人は人間として守り行うべき道である「人道」を歩むことが正しい生き方であるという道義感をもっている。

山鹿素行《やまがそこう》（一六二二－八五）の『山鹿語類』（聖学四・道を論ず）の中で「人の道」について次のように述べられている。

「先生がいわれた――『道』とは、いかなる事柄、いかなる場にも通用することばであって、天地には天地の道、人には人の道、事物には事物の道、君子には君子の道、小人には小人の道がある。それゆえ、道はどんなところにも、またいかなるものにも必ずあるものであって、ちょっとしたものがあれば、それについても一つの道があるというものなのである」(5)

またその著『中朝事実《ちゅうちょうじじつ》』では、「日本に住みながら日本のことを忘れてしまう者は、自分の父母から生まれて父母のことを忘れてしまうのと同じことである。これは、すべての人の人たる道とは言えない」と述べている。(6)

日本人は、山鹿素行が述べているように、日本人一人ひとりに人の道が与えられているという人生観を共有しており、この考え方が日本民族の特質となっていることは間違いない。

「道」を究めるのが日本人の生き方

「道」にはさまざまな「道」があるが、どの「道」も究極的にはその「道」を究めることによって「人の道」を究めることを目指している。

例えば、先生は師道を自分の「道」と定め、人の師として行うべき道義を守り、女性は婦道を自分の「道」と定め、婦人として行うべき道義を守り、商人は自分の「道」を商道と定め、商人として行うべき道義を守ってきた。

どの「道」も究極的にはその「道」を究めることによって、人の道を究めることを目指している。武士の士道も、商人の商道も、どちらが優れているとか、どちらが強いかというように優劣や強弱で評価されるのではない。人がそれぞれ「道」においては、武士と商人との間に、人間的・階級的差別はなく、自分の「道」において正しい心をもち、正しく行動することが、すべての「道」に通じる根本原則なのである。したがって、道の種類はさまざまあっても、「道」の心は一つであるということができる。

江戸時代の封建制度のもとでは士、農、工、商の差別階級制度があり、武士は支配階級であり、農、工、商は被支配階級であったが、「道」に限っては、これら四つの階級の間に差別はなく、同じ人間としてそれぞれの「道」に生きることが、日本人としての正しい生き方であるという社会通念があった。このように、「道」に生きることが日本人に共通の正しい生き方なのである。

このように、日本から「道」を取り除けば、日本ではなくなり、日本人から「道」を取り除けば、日本人ではなくなると言っても過言ではないほど、日本は「道」を尊ぶ国であり、日本人は「道」に生きる民族なのである。日本はその拠って立つところの「道」を何よりも大切にしていかなければならない。

（二）『五輪書』『都鄙問答』が説く「道」は一つなり

どの「道」も心は一つ

剣聖・宮本武蔵（一五八四―一六四五）は、その著『五輪書《ごりんのしょ》』の中で「兵法の道」と「士・農・工・商の四つの道」について次のように述べている。(7)

「道といえば、仏法として人を救う道があり、また儒道として文の道を正すものがあり、医者として諸病を治す道があり、あるいは歌人として和歌の道を教え、あるいは風流人、弓術家等々、さまざまな芸や技能の道がある。人々はこれらを思い思いに稽《けい》古《こ》し、心にまかせて嗜んでいる。ところが、兵法の道においては、これをたしなむ人がまれなのである。

何をおいても武士たるものは文武二道といい、この二つの道をたしなむことが原則である。たとえ、この道に才能がなくても、武士たるものは、それぞれの分に応じて兵法の道にははげまねばならぬ」

「およそ、人間が世渡りをするのに、士・農・工・商といって四つの道がある。

まず、農の道であるが、農民はいろいろな農具をそなえ、たえず四季の移り変わりに気をくばり歳月をおくる。これが農の道である。

次には商売の道で、例えば酒屋は、それぞれの品物を求め、それ相応の利潤を得て世すぎをする。商売の道は、いずれも、その身に応じたかせぎ、その利潤《りじゅん》をもって世を渡るのである。これが商の道である。

三つ目、武士にあっては、目的に応じてさまざまの武器をこしらえ、その用法をわきまえなければならぬ。これこそが武士の道である。武士でありながらさまざまな武器を使いこなすこともできず、それぞれの効用も理解できないというようでは、いささかたしなみのないことではないか。

四つ目、工の道。例えば大工にあっては、種々さまざまの道具をこしらえ、それぞれに習熟し、ものさしで図面どおりにきちんとし、せっせと仕事して世を渡るのである。

以上が、士・農・工・商の四つの道である」(7)

武蔵は僧侶にも、儒者にも、医者にも、歌人にもそれぞれ道があり、士・農・工・

商にもそれぞれ道があり、道は階級や職業の別なく一つであると説いている。
江戸時代中期の町人出身の学者、石田梅岩《いしだばいがん》（一六八五－一七四四）は、「人の道には、士・農・工・商の別はない。武士には武士の道があり、商人には商人の道があるが、武士の道も商人の道も世の中の助けになるという点では同じであり、道は一つである（「士・農・工・商ともに天の一物なり」）と次のように説いている。

「士農工商は天下の治まる相となる。四民かけては助け無かるべし。四民を治め給ふは君の職なり、君を相るは四民の職分なり。士は元来位ある臣なり、農人は草莽《そうもう》の臣なり、商工は市井《しせい》の臣なり、臣として君を相るは臣の道なり。商人の売買するは天下の相なり。……商人の道と云うとも、何ぞ士農工の道に替ることあらんや」（『都鄙問答《とひもんどう》』巻の二）

『大学』に所謂《いわゆる》、天子より以て庶人に至るまで、一に是皆《みな》身を修《おさ》むるを以て本とすと。身を修るに何ぞ士農工のかわりあらん」（『斉家論』）(8)

また梅岩は、商道の徳目として倹約、勤勉、正直（家業）、忠孝、知分、知足を挙げているが、とくに倹約と正直とを道の原理とし、この徳は武士にも町人にも求められる徳であると説いている。

宮本武蔵と石田梅岩は、「道」は階級の別なくすべての人において同格であると述べている。このことは現代日本のすべての職業にも当てはまる。つまり、職人には職人道があり、医者には医師道があり、芸人には芸人道があり、官僚には吏道《りどう》がある。また職業以外にも侠客《きょうかく》には任侠《にんきょう》道があり、子供には孝道があり、さらに乞食《こじき》には乞食道がある。

日本では野球にもサーフィンにも、そして経営にも「道」はある

ではなぜ日本人は自分の職業を「道」として位置づけるのか。それは、どの「道」も「世の為、人の為」に在るという根本的な考え方に根差しているからだ。日本人は自分の「道」で徳性を磨き、人格を高めるばかりでなく、さらに自分が「世の為、人の為」に役立つことが自分の正しい生き方であるという人生観をもっているからだ。日本人は自分の職業を通じて「世の為、人の為」に尽くす「道」に生きるのが生き甲斐《がい》なのだ。

経営コンサルタントにも「経営コンサルタント道」があり、自分は経営コンサルタントとして行うべき道義を守り、「世の為、人の為」に尽くすことが、自分の正しい生き方だと思っている。

道においては士、農、工、商の別がないのと同じように、職業の別もない。日本人はどの職業に就いても人の道に生きることにかわりはない。

日本人は民族特性として「求道性《ぐどうせい》」のDNAをもっている。私は親友の長倉正幸氏から元西武ライオンズ・ヤクルトスワローズのショートで野球評論家の豊田泰光《とよだやすみつ》氏を紹介され、豊田氏と一献《いっこん》傾けながら人生を語り合ったことがある。豊田氏が、「私は生涯〝球道〟一筋に生きていく。球道界の発展に尽くしたい」といわれたとき、私は彼の言葉に強く胸を打たれて深い感銘を受けたことを覚えている。現役時代の豊田氏が本塁打を打っても派手なポーズは一切取らなかったのは、武道の礼を守っていたからだろうと、私は思っている。

世界のサーフィン界から最高の評価を受けている日本人サーファーの石井秀明氏から私は「波乗陀仏」と記された名刺をいただいた。石井氏は離島に小さな庵《いおり》をむすび、自給自足の生活を自らに課し、禅をはじめ東洋の伝統的精神を学びながら修行のごとくサーフィンを探求し続けている。石井氏にとってサーフィンはただサーフィンではなく、正に「サーフィン道」なのだ。彼らの高潔な人格は、その求道性によって培われたものに違いない。

このように、日本人は外来のスポーツでも、日本に導入されると、そのスポーツを「道」に高め、求道者のごとく生きていく求道性をもつ民族なのである。

(三)「道」の意義と価値

柔道、相撲道、剣道にみる武道の心

日本の「道」は、それぞれの「道」において守るべき道義があり、その道を歩む人たちが、その道義を守ることによって人間としての正しい道を歩むことができる。われわれ日本人が互いに自分の「道」の道義を守り行えば、日本は道義国家として樹立される。私は、日本人が歩むべき「道」を「日本道」と呼んでいる。

ここで、日本道を代表する武道の柔道と相撲道と剣道を通じて、「日本道」の意義と価値について考察しよう。

柔道は日本が世界に誇る武道の一つである。講道館柔道の始祖、嘉納治五郎《かのうじごろう》は、その著『柔道教本』の中で、「昔のように単に武術としてばかりでなく、武術、体育、精神の修養、世に処する方法等のことを兼ねた修行として教えたならば、一層値打ちのあるものになるであろうと考えるに至った。そこで従来の教へ方にも種々改良を加え、最早《もはや》一の術としてではなく、一つの道として教えるやうにした。さらにその道に基づいて攻撃、防御の方法、身体鍛錬の方法、精神修養の方法、その他いろいろのことに亙《わた》って指導すべきであると信じ、明治十五年に講道館を創設して、それ等のことを教え始めたのである」と述べ、柔道が一つの道であることを謳《うた》っている。（9）

嘉納治五郎が団長として陸上男子短距離の三島弥彦《みしまやひこ》と男子マラソンの金栗四三《かなぐりしそう》の二人の選手を連れて五輪に初参加した一九一二年のストックホルム大会から二〇一二年のロンドン五輪は百年目になる。柔道は男子が一九六四年に五輪の正式競技種目になってから世界に普及したが、これから日本の柔道選手たちが、「道」としての柔道の真の姿を世界に示してくれることを期待したい。

日本の武道は、柔道であれ、相撲道であれ、剣道であれ、空手道であれ、勝者と敗者は勝敗にかかわらず、試合の前後には相手に敬意を表わして礼をするのが道義と定められている。「日本教育柔道要義第四章指導上の注意」では、「指導ニ当タリテハ礼ヲ以テ終始スルノ習慣ヲ養フニ努ムルコト」と定め、「礼をもって終始するの心が、神妙な技を修める本ともなるし、本当の道に至る本となるものである」としている。(10)

柔道が世界に光り輝く日本の武道であり続けるためには、日本人柔道家たちが国際競技の場においても日本柔道の「礼」を重んじる伝統精神を守り抜く姿勢を示すことが大切だ。

日本の経営者に引き継がれた武道の心

日本の国技といわれる相撲道では、(財)日本相撲協会寄付行為が、第二章第三条で「この法人は、わが国固有の国技である相撲道を研究し、相撲の技術を練磨し、その指導普及を図るとともに、これに必要な施設を経営し、もって相撲道の維持発展と国民の心身の向上に寄与することを目的とする」と定めている。日本国民は相撲は国技であり、「相撲道」であると信じているので、力士たちが礼を重んじた取り組みをすることを期待している。

もし相撲がただの勝敗の相撲であって、道義を重んじる「相撲道」ではないのであれば、国民は相撲に熱狂するはずがない。相撲と「相撲道」とでは、「道」の一語の有る無しで、日本人の価値観において雲泥《うんでい》の差がある。

このことは、日本人がいかに道義を重んじ、道義にこだわっているかを如実に示すものである。元横綱貴乃花は、「衆人の模範となるようにと相撲道の教えにある通り、力士がその心を踏まえて土俵に上がってくれることを願う」と「相撲道」の心の大切さを訴えている。

相撲は、『日本書紀』巻第六垂仁《すいにん》天皇の条《くだり》の中で、紀元前二十三年、垂仁七年七月に、当麻蹶速《たぎまのくえはや》と野見宿禰《のみのすくね》とに相撲をとらせたという記述があり、これが相撲の最初の文献となっており、日本最古の伝統的武道である。(11)

力士たちが相撲道を貫き、観客たちが相撲を「相撲道」として厳しく見守っていけば、日本国民が誇りに思う武道として世界に光り輝き続けることができるだろう。

日本の武道の代表的存在である剣道では、(財)全日本剣道連盟は、「剣道は剣の理法の修練による人間形成の道である」という剣道の理念を挙げている。また剣道修練の心構えとして、「剣道を正しく真剣に学び、心身を練磨して旺盛なる気力を養い、剣道の特性を通じて礼節をとうとび、信頼を重んじ誠を尽くして、常に自己の修養に努め、以って国家社会を愛して、広く人類の平和繁栄に寄与せんとするものである」と謳《うた》っている（昭和五十年三月二十日制定）。(12)

同連盟が「剣道は人間形成の道である」と明記しているように、剣道は人の道であり、剣道は日本最古の武道の一つとして日本の心の伝統と文化を築いてきた。また剣道修練の心構えとして挙げられている心身鍛錬、礼節、信義、自己修養、愛国心、人類平和への貢献などの徳目は、広く一般国民だけでなく、日本の企業経営者にも受け継がれ、自社の経営理念や社員の人材育成などにも活かされている。

日本の心の象徴の一つである剣道は、正しい心を培うことを目的としており、その心は経営道に引き継がれている。

以上、日本の代表的武道である柔道、相撲道、剣道の心をみてきたが、もし柔道から「道」が外されて柔となり、相撲道から「道」が外されて相撲となり、剣道から「道」が外されて剣となれば、それは柔道も、相撲道も、剣道も、「道」をなくしたために、その心を失ったことを意味する。

このことから「道」は心であることがよく分かる。柔道には柔道の心があり、相撲道には相撲道の心があり、剣道には剣道の心があり、その道を志す者は、その道の修業を通じて、その心を磨くことによって徳性を涵養し、人格を陶冶《とうや》し、人品を高めるのが、「道」の意義であり、価値である。

したがって、柔道四段の師範は初心者より数段人格者でなければならない。横綱は他のすべての力士より遥かに人格者でなければならない。全日本選手権優勝者の剣士は、他の剣士より一層模範的でなければならない。

われわれ日本人が世界に向けて、胸を張って堂々と「日本は道を尊ぶ国であり、日本人は道に生きる民族である」と声高らかにアピールするためには、戦後失いかけた日本道の心を取り戻し、日本再生に立ち上がらなければならない。

日本企業の経営者は武道で心身鍛錬し、武道精神を経営の心として心の正しい経営を世界に示してほしいものである。私が企業の経営者とその社員たちに剣道修業を推奨しているのは、日本人の企業経営者には、凛々《りり》しい「士風」（武士の気風）をそなえてほしいと思うからである。

第二章

経営道＝「経営は心なり」の根源は武士道にあり

一「経営は心なり」の由来は島田虎之助の言葉「剣は心なり」

経営の真髄は「経心一致」

私は企業経営には「経営道」という「道」があって然《しか》るべきであり、企業経営者が自分の「道」を「経営道」と定め、経営者として行うべき道義を守り、貫くことが、企業経営の正しい在り方であると確信している。

私が唱道《しょうどう》する「経営道」は武士道に由来している。幕末の剣聖といわれ、勝海舟の師匠であった島田虎之助は、

「剣は心なり、心正しからざれば、剣また正しからず、剣を学ばんと欲すれば、先《ま》ず心より学ぶべし」

と、「剣心一致」を剣道の目的と定め、剣道修業の心構えとして教え諭《さと》している。(13)

この島田虎之助の言葉は、剣道以外の他のすべての「道」にそっくりそのまま当て

はめることができる。つまり、経営に当てはめれば、
「経営は心である。心が正しくなければ、経営もまた正しくない。経営を学びたいと思えば、先ず心から学ぶべきである」

と言い換えることができる。経営の真髄は、正に「経心一致」ということになる。

このように、私が唱道する「経営道」は、この島田虎之助の言葉に由来しており、私は「経営道」とは、「経営は心なり」という道義の実践であると定義づけている。

実は、私は幼少の頃から、「剣は心なり」という島田虎之助の言葉は、両親から幾度となく教えられ、覚えていた。島田虎之助は豊前国中津（大分県中津市）の藩士で、私の母・島田安子は島田虎之助の親族であった関係で、島田虎之助の言葉に私は格別の関心をもっていた。またこの言葉は生涯、私の座右の銘となっている。

それで私は、「剣は心なり」という言葉を「交友は心なり」「恋愛は心なり」「人間関係は心なり」「仕事は心なり」……と、人生のいろいろな場面に当てはめて心を大切にしてきた。

また経営コンサルタントとして、「経営コンサルティングは心なり」という心構え

で、経営コンサルティングの仕事に心を込めて取り組んできた。社員研修の講師を務めるときは、「研修は心なり」、人事管理の指導に当たるときは、「人事は心なり」、リーダーシップの講演をするときには、「リーダーシップは心なり」、マーケティングや販売の戦略を練るときには、「販売は心なり」というように言い換えて指導に当たっている。

このような要領で、自社のすべての部門が、それぞれの部門なりに、この言葉を当てはめて、経営道を実践すれば、全社員の心の一致が生まれ、経営組織は経営目的に向けて統合され、経営総合戦力を発揮できるようになる。経営道は経営戦力の原動力なのである。

このように、経営者は島田虎之助の「剣は心なり」という言葉を自社の経営・事業活動に当てはめて活用すれば、正しい経営を実践することができる。正しい経営は、正しい心から生まれる。

「経営は心なり」を実践したエーザイ

ここで、「経営は心なり」という経営道を実践した立派な経営者の実例を挙げておこう。

エーザイの創業者であり初代社長・内藤豊次《ないとうとよじ》の男性秘書から私が直接聞いた実話である。

内藤社長は商用で外出するときはいつも都電（路面電車）や国鉄（ＪＲ）、バスを使われるので、カバン持ちで同伴していたその秘書が、内藤社長に「社長、電車やバスに乗るのはもう止めて、社長の専用車を買ったらどうですか」と提言したところ、内藤社長は、「当社ではいまいちばん自動車を必要としているのは私ではなく、営業の第一線で頑張っているプロパー（セールスマン）たちです。まだ車を与えていないプロパーたちがいるので、全プロパーに車を与えた後に買うことにしましょう」と断られてしまったそうだ。

またある日、その秘書が内藤社長に、「エーザイは経営も安定し、事業も発展し、会社はぐんぐん伸びていますから、社長も立派な家を建てて下さい」といったところ、内藤社長は、「当社は地方から上京して入社した社員たちの中でまだアパート住まいをしている社員がいるので、彼ら全員を社宅に入れてあげてからのことにしましょう」と、これまた断られてしまったそうだ。

また内藤社長は社員一人ひとりの健康管理に細やかな心配りをしていた。内藤社長は社員たちと一緒の列に並んで社員食堂に入り、社員たちとテーブルを囲《かこ》んで昼食をともにした。それぞれのテーブルの上には、エーザイのビタミン剤が置かれていて、社員たちは社長と一緒にビタミン剤をいただいていた。内藤社長は社員たちが元気に楽しく仕事ができるように社員一人ひとりの健康をいつも祈っていたという。

このように、社員の身のことを第一に考え、自分のことは後回しにするという内藤社長の社員に対する温かい思い遣《や》り、無私の心こそ、「経営は心なり」の実践であるといえる。私は内藤社長の経営姿勢を見て、「経営は心なり」という言葉は、「経営は愛なり」と同義なのだと痛感した。内藤社長は、愛を実践した創業経営者の鑑《かがみ》である。

経営道でいう「経営は心なり」の心とは、このような人を思い遣る優しく、温かい無私の心を指している。ハート・トゥ・ハートの経営が経営道なのである。

エーザイがぐんぐん伸びて立派な優良企業に成長したのは、内藤社長の社員に対する愛に応えた社員の愛社精神が、社内に「経心一致」を生み、強力な経営戦力を発揮したからに他ならない。

エーザイの創業者・内藤豊次は、島田虎之助の「剣は心なり」という武士道の精神と同じ精神で、「経営は心なり」という経営道の精神を貫徹《かんてつ》した偉大な経営者だった。

二　日本再建の原動力となった松陰の言葉と玉音放送

日本を再び光り輝く国に！

私が本書の冒頭で述べた「日本は世界に光り輝く国であってほしい」という希求《ききゅう》の言葉は、実は、幕末の勤皇《きんのう》の志士《しし》・吉田松陰（14）が白人植民地支配の危機に直面した日本を守るために身命《しんみょう》を賭《と》して訴えた憂国慨世《ゆうこくがいせい》の檄文《げきぶん》に自分の思いを重ねて表現したものである。

松陰は幕府の命令によって捕縛《ほばく》され長州から江戸に護送されたときに、『縛吾集《ばくごしゅう》』の中で、「わが伝統ある日本国は、太陽の如く光り輝き、皇統の歴史は悠久である。このわが祖国に狡猾《こうかつ》なる外夷《がいい》をどうして入れることができよう」と断言している（松陰三十歳）。（15）

私は松陰の「日本は世界に光り輝く国であり、その歴史は悠久である」という言葉を真摯《しんし》に受け継いで、その志を実現していくのが、後世のわれわれ日本人に託された使命であると思っている。

日本は大東亜戦争の敗戦（昭和二十、一九四五年）で灰燼《かいじん》と化し、国際社会から孤立し、最貧国に成り下ってしまった。しかし敗戦直後、日本人は裸一貫《はだかいっかん》から祖国の復興に立ち上り、廃墟《はいきょ》の中から不死鳥《ふしちょう》のように甦り、わずか二、三十年の間に世界経済をリードする経済大国に飛躍し、日本は吉田松陰の言葉の通り、再び世界に光り輝く国となった。この日本の目覚ましい経済復興と国際舞台での活躍振りを世界の人々は、二十世紀の奇蹟と呼んで驚嘆した。

ではこの戦後の日本再建に寄与した原動力はいったいなんだったのだろうか。その最大の要因の一つは、日本企業経営者の企業家精神であったことは論をまたない。日本は戦争に敗れても、武士道の精神は企業経営者たちの心の中に生き残り、甦り、そして燃え上り、敢然として日本再建に邁進《まいしん》していった。

戦後日本の再建に身を賭して事業に取り組んだ企業経営者たちをこのように駆り立てたものはなんだったのか。それには二つの心境が働いていたことは間違いない。

玉音放送で日本再建を決心した終戦直後の経営者たち

一つは、「玉音放送」（終戦の詔書《しょうしょ》）の昭和天皇の詔勅《しょうちょく》であり、二つは、吉田松陰と同じ憂国《ゆうこく》の情である。

昭和二十年八月十五日正午、昭和天皇による「終戦の詔書」（「玉音放送」）がラジオで放送された。多くの企業経営者は、とくにその中の「堪え難きを堪え、忍び難きを忍び、以て万世の為に大平を開かむ」と「総力を将来の建設に傾け、道義を篤《あつ》くし、志操《しそう》を鞏《かた》く、誓って国体の精華《せいか》を発揚し、世界の進運に後れざらむことを期すべし」という御言葉を肝に銘じて、どんなに苦しくても、辛くても耐え忍び、全力を挙げて日本を再建するのだと、愛国心に燃えて必死の覚悟を決めたのである。

玉音放送を起立して聞いた日本人は、当時小学生以上の人たちで、明治・大正・昭和一桁生まれの人たちであった。昭和二桁以上の戦後生まれの日本人は、玉音放送は聞いていないので、玉音放送を聞いて日本再建に奮起した戦前・戦中の企業経営者の気概のほどは実感できないだろう。

戦後日本は万事、玉音放送から始まった。戦後日本の再建の原点は、玉音放送である。敗戦直後の日本を立派に立ち直らせてくれた企業経営者たちの成功の秘密の一つが、玉音放送にあることは否定できない。彼らの志を受け継ぐ若い世代の企業経営者は、いまここで改めて終戦の詔書をじっくりと玩味《がんみ》してほしい。

ここで終戦の詔書を掲載しておこう。

朕深ク世界ノ大勢ト帝国ノ現状トニ鑑ミ非常ノ措置ヲ以テ時局ヲ収拾セムト欲シ茲ニ忠良ナル爾臣民ニ告ク

朕ハ帝国政府ヲシテ米英支蘇四国ニ対シ其ノ共同宣言ヲ受諾スル旨通告セシメタリ

抑々帝国臣民ノ康寧ヲ図リ万邦共栄ノ楽ヲ偕ニスルハ皇祖皇宗ノ遺範ニシテ朕ノ拳々措カサル所曩ニ米英二国ニ宣戦セル所以モ亦実ニ帝国ノ自存ト東亜ノ安定トヲ庶幾スルニ出テ他国ノ主権ヲ排シ領土ヲ侵スカ如キハ固ヨリ朕カ志ニアラス然ルニ交戦已ニ四歳ヲ閲シ朕カ陸海将兵ノ勇戦朕カ百僚有司ノ励精朕カ一億衆庶ノ奉公各々最善ヲ尽セルニ拘ラス戦局必スシモ好転セス世界ノ大勢亦我ニ利アラス加之敵ハ新ニ残虐ナル爆弾ヲ使用シテ頻ニ無辜ヲ殺傷シ惨害ノ及フ所真ニ測ルヘカラサルニ至ル而モ尚交戦ヲ継続セムカ終ニ我カ民族ノ滅亡ヲ招来スルノミナラス延テ人類ノ文明ヲモ破却スヘシ斯ノ如クムハ朕何ヲ以テカ億兆ノ赤子ヲ保シ皇祖皇宗ノ心霊ニ謝セムヤ是レ朕カ帝

国政府ヲシテ共同宣言ニ応セシムルニ至レル所以ナリ
朕ハ帝国ト共ニ終始東亜ノ解放ニ協力セル諸盟邦ニ対シ遺憾ノ意ヲ表セサルヲ得ス帝国臣民ニシテ戦陣ニ死シ職域ニ殉シ非命ニ斃レタル者及其ノ遺族ニ想ヲ致セハ五内為ニ裂ク且戦傷ヲ負イ災禍ヲ蒙リ家業ヲ失ヒタル者ノ厚生ニ至リテハ朕ノ深ク軫念スル所ナリ惟フニ今後帝国ノ受クヘキ苦難ハ固ヨリ尋常ニアラス爾臣民ノ衷情モ朕善ク之ヲ知ル然レトモ朕ハ時運ノ趨ク所堪ヘ難キヲ堪ヘ忍ヒ難キヲ忍ヒ以テ万世ノ為ニ太平ヲ開カムト欲ス
朕ハ茲ニ国体ヲ護持シ得テ忠良ナル爾臣民ノ赤誠ニ信倚シ常ニ爾臣民ト共ニ在リ若シ夫レ情ノ激スル所濫ニ事端ヲ滋クシ或ハ同胞排擠互ニ時局ヲ乱リ為ニ大道ヲ誤リ信義ヲ世界ニ失フカ如キハ朕最モ之ヲ戒ム宜シク挙国一家子孫相伝ヘ確ク神州ノ不滅ヲ信シ任重クシテ道遠キヲ念ヒ総力ヲ将来ノ建設ニ傾ケ道義ヲ篤クシ志操ヲ鞏クシ誓テ国体ノ精華ヲ発揚シ世界ノ進運ニ後レサラムコトヲ期スヘシ爾臣民其レ克ク朕カ意ヲ体セヨ

そして戦後の経営者たちは風前《ふうぜん》の灯《ともしび》のように世界から消滅しそうな日本を吉田松

陰の言葉通り、再び世界に光り輝かせるという強固な志を抱いて必死の覚悟を決めたのである。

吉田松陰は『幽因録』の中で、「我が国においては、必ずしも古い時代に限らず、国威の発揚と国防に熱心であった。ところが今日の現状では、外国に対しては膝を折り、頭を下げて相手国の言うがままになっている。このような事態は、わが国の歴史上いまだかつてなかったことである。……あぁ、時代の推移とともに、まさに国は衰えていこうとしている。このように衰えるままに任せて、努力を怠っていたならば、我が国は必ずや滅びてしまうだろう」と、また『時勢論』の中で、「この日本亡国の苦悩はそのやり場もなく、痛恨の極み、ここに留まる、という以外にない」と述べ、憂国の情を吐露《とろ》している（松陰二十五歳）。(16)

彼らは敗戦直後の日本の惨状《さんじょう》を直視して、吉田松陰の憂国の情と同じ心境をもったに違いない。無惨に打ちのめされた日本を立ち直らせるのが、生き残ったわれわれ企業経営者の使命なのだという気概をもって彼らは日本再建に立ち向かったのだ。

「日本再建の志」で世界に挑んだ二つの企業

一九六三年、米国第三十五代大統領ジョン・フィッツジェラルド・ケネディがダラスで遊説《ゆうぜい》中暗殺されたとき、私は世界貿易センター視察のため、ニューヨークに滞在していた。ニューヨークの五番街をエンパイアステートビルを背にして、銀ブラをするように歩いていた。

突然、前方に日の丸の旗が風になびいているのが目に留まったので、吃驚《びっくり》して、「あっ、日の丸だ！」と声を発してしまった。それでその日の丸のところまで駆け付けてみると、何とその日の丸を揚げていたのはソニーだった。

当時、日本人は特別なケース以外は、米国に入国するのは困難な時代で、米国に進出する日本企業は限られていた。私はニューヨークのど真ん中（四十七丁目）で大きな日章旗《にっしょうき》を高々と掲げ、立派なショールームを開設しているソニーをみて感激し、「やったぁ！」と天を仰いだのを昨日のことのように覚えている。

創業者・盛田昭夫《もりたあきお》は、「ここは、日本の会社だよ。オレも君たちも日本の代表なんだ。われわれは日の丸に恥じないことをするために国旗を掲揚《けいよう》するんだよ」といって日の丸を掲げたのである。(17) 当時、敗戦国日本が勝戦国アメリカの国土に国旗を掲げるということは考えられないことであった。これは正に、盛田昭夫の大和魂の発露《はつろ》で、その勇気に感嘆せざるを得ない。

私は帰国してすぐにソニーのことを調べてみると、ソニーの会社設立趣旨が「日本再建！」と謳っていることを知り、またもや感動したのを覚えている。海軍中尉だった盛田昭夫は、玉音放送を海軍の軍服に正装して直立不動で聞いた。その時、盛田が肚に決めた覚悟が、「日本再建」という志を生んだのだと私は推察している。(18)「俺たちは日本再建のために起業するんだ」という創業者・井深大《いぶかまさる》と盛田昭夫の心意気に私はどれほど勇気づけられ、励まされたか分からない。

また私は戦後、日本を世界に輝かせた日本企業を選んで取材したことがある。その中でまさにこの会社こそ、日本を世界に輝かせた企業だと私が感動した企業は田崎真珠だった。

外国人に「メードインジャパン製品の中でいちばん欲しい、いちばん日本らしい製品は何ですか」と尋ねると、まず出てくる答えは「パールです」だ。また同様に、日本人に「私たち日本人が世界に誇れるいちばん日本らしい製品は何ですか」と尋ねると、これも出てくる答えが「真珠です」だ。

真珠は、「桜といえば日本、日本といえば桜」「富士山といえば日本、日本といえば富士山」といわれるように、「真珠といえば日本、日本といえば真珠」と、日本の美しさの象徴の一つとなっている。

このような素晴らしい真珠を日本の製品として世界に普及させた田崎真珠は、「日本は真珠のように清く、美しく輝く国なんだ」という誇りをわれわれ日本人にもたせてくれている。

「日本は富士山のように雄大で、桜のように美しく、真珠のように輝く国である」

私はそう確信して外国人たちと接している。

田崎真珠は、真珠を世界に普及することによって、日本の美を世界に輝かせてくれている日本が世界に誇る企業の一つであるといえる。

いまや「世界のタサキ」「真珠王」と呼ばれるようになった田崎真珠は、戦後間もない昭和二十九（一九五四）年に、二十五歳の青年、田崎俊作《たさきしゅんさく》によって創設された。

小さなアパートの一室で、「夢のないところに実現はない」という座右の銘を社是に掲げて独立した田崎俊作は、ソニーの創業者と同様、日本を再建したいという熱い志を胸に抱いていた。

海軍兵学校出身の創業者・田崎俊作は、「日本は戦争に負けたが、今度はビジネスでアメリカに勝つ」という固い決意と「新しい日本づくりに少しでも役に立ちたい」という熱い思いを込めて田崎真珠を創設し、「世界のタサキ」を築き上げた。

「立派なビジネスで田崎真珠を発展させて日本を再建し、日本を真珠のように世界に輝く国にするために役に立ちたい」という田崎青年の創業の志は、戦後日本の再建に寄与した日本企業の企業家精神を如実に示すものだ。(19)

ソニーや田崎真珠の創業者たちは、日本再建という志を貫いて見事に吉田松陰の「日本国は太陽のごとく光り輝く」という言葉が真実であることを実証してくれたのだ。

二十一世紀日本企業は、グローバル・トレンドが進む中で、ますます激化する国際競争に打ち勝つために、先達《せんだつ》たちが武士道の精神で培った日本の伝統的企業家精神である経営道を実践していかなければならない。

三　企業にも必要な什の掟「ならぬことはならぬ」

「ならぬことはならぬ」は最高の社是

武家時代においては、各藩はそれぞれ家訓を掲げ、藩士教育を行っていた。その中でとくに企業経営者が自社の社是・社訓として採り入れれば最良であると思われる武家の家訓の例を挙げておこう。

会津藩《あいづはん》家訓十五ヶ条は、会津松平家初代藩主であり、徳川三代将軍家光の実弟の保《ほ》科正之《しなまさゆき》（一六一一－七三）により寛文八（一六六八）年に制定された藩主に対する戒めであり、家臣への教訓である。(20)

江戸中期会津藩は、家老・田中三郎兵衛玄宰《はるなか》（一七四八－一八〇八）が、「敬」や「愛」など人の道を説いた十五ヶ条の文治主義の精神を会津藩士の六歳から九歳までの子弟たちにも受け継がせるために、次の七ヶ条の「什《じゅう》の掟《おきて》」（「什の誓い」）を設けて、子弟たちが人の道を正しく歩むよう教育した。

一　年長者の言うことに背いてはなりませぬ
二　年長者に御辞儀をしなければなりませぬ
三　虚言をいう事はなりませぬ
四　卑怯《ひきょう》な振舞いをしてはなりませぬ
五　弱い者をいぢめてはなりませぬ
六　戸外で物を食べてはなりませぬ
七　戸外で婦人と言葉を交えてはなりませぬ

そして最後に「ならぬことはならぬ」と締《し》め括《くく》っている。

子弟教育のために「什」という組織をつくり、約十人の子弟のグループの年長者が什長となり、毎月順番に所属する組の当番の子の家に集まり、什長は七ヶ条の什の掟を訓示し、皆で朗誦《ろうしょう》し、この掟に背《そむ》いた者がいれば、謝らせたり、しっぺをしたりして反省させた。

私は、この「ならぬことはならぬ」、つまり、「してはいけないことはしてはいけない」という言葉こそ、すべての教訓の真髄であると思う。

もし「ならぬことはならぬ」という一言だけを自社の社訓に掲げ、この社訓が全社員によって固く守られている会社があるとすれば、その会社は最高・最善・最強の会社であると断言できる。「ならぬことはならぬ」という言葉は、「人を騙《だま》してはいけない」とか「遅刻してはいけない」とか、何が「ならぬこと」なのかは明示されていない。

会津藩のわずか六歳から九歳の児童たちが、具体的に「これはしてはいけない」といわれなくても「ならぬこと」はしないのは、日常生活の中で人の道として守り行うべき大切な徳目をしっかりと身につけているからだ。

児童たちは何を為すにも、その時その場で、とっさにこれは「ならぬこと」であると判断できるだけの徳目という価値判断基準をしっかり身につけているので、「ならぬこと」はしないのである。

このように、人間は徳を積めば積むほど、「ならぬこと」がなんなのかをいわれなくても自ら分かるようになり、自分の正しい判断で「ならぬこと」はしなくなるものなのだ。

「ならぬことはならぬ」を解く鍵は、徳性なのである。

「ならぬこと」はしない社員の育成を

戦後の日本においては、戦前・戦中のような厳格な道徳教育は、家庭でも、学校でも、地域社会でも行われてこなかったために、戦後の日本人は幼少・青年時代の精神的・人間的成長期に徳性を十分に身につけることができなかった。

また戦後の日本企業は、社員の専門知識や技術の向上をはかる研修に力を入れても、社員の徳性の涵養をはかる教育・研修・訓練はほとんど実施していないのが実態だ。

戦前の日本人は、とくに小学校での道徳教育としての修身の授業を通じて幼い頃から徳性を身につけていたので、「ならぬこと」が何かを自分で判断することができた。

日本が道義国家として世界に輝くためには、戦後の日本人は、われわれの祖先たちが長い日本の歴史の中で培ってきた礼節、思い遣りの心、敬老の精神、公共心、紀律、誇りなど日本民族の徳性を守り、次の世代に引き継がせていかなければならない。

「戸外で物を食べてはなりませぬ」という公共道徳を現代の日本の子供たちが守れるように、われわれ大人たちが公共道徳という徳目を彼らに行動で示すことが大切だ。

会社においても、社員各自が、いちいち注意されなくても、「ならぬこと」は自らの思慮分別で判断して「ならぬこと」をしないよう、経営者が公共道徳という徳目を社員が身につけるように教育することが肝心だ。

二十一世紀日本企業が世界に光り輝く立派な企業になるためには、「ならぬことはならぬ」という掟を暗黙のうちに守ることのできる社員を育成することが強く求められる。

四　世界のリーダーに感銘を与えた新渡戸稲造の『武士道』

日本人の心に刻み込まれた武士道の心

教育者・農学者・新渡戸稲造（一八六二－一九三三）は、その著、『武士道』の中で、「武士道は、その表徴《ひょうちょう》たる桜花と同じく、日本の土地に固有の花である。……封建制度の子たる武士道の光は、その母たる制度の死にし後も生き残って、今なお我々の道徳の道を照らしている。……武士道は道徳的原理の掟である。……いかなる人間活動の路も、いかなる思想の道も、或る程度において武士道より刺激を受けざるを得なかった。知的ならびに道徳的日本は直接間接に武士道の所産であった」と述べ、本書の

副題のように、「武士道は日本の魂である」と明言している。(21)

新渡戸稲造が『武士道』の中で挙げている武士道の掟である義、勇・敢為堅忍《かんいけんにん》の精神、仁、惻隠《そくいん》の心、礼、誠、名誉、忠義、克己《こっき》などは、武士が守るべきことを要求される教訓であるが、これらの徳目は何も武士に限ったことではなく、すべての日本人に自ら守るべき教訓であると受け入れられている徳目なのである。

このように、武士道の教訓は、日本人の日本人としての生き方の教訓になっている。したがって、武士道の教訓は、すべての日本企業経営者にとっても大切な教訓であるということができる。

明治維新まで七百年続いた武家時代が終わり、武家制度は崩壊したが、武士道の精神は、維新後も日本人の心の中で連綿と生き続けている。

鎌倉・室町・戦国・安土・桃山・江戸時代の武家時代に亘《わた》って日本を統治した武士の道義である武士道の教訓は、武士階級ばかりでなく、広く一般庶民に意識的にも無意識的にも感化を及ぼし、日本の道徳として日本人の心の中に深く根付いている。

クリスチャンである内村鑑三《うちむらかんぞう》(一八六一 - 一九三〇)でさえ、「武士道は人の道であります。……武士道は日本の道であります。之を日本道徳と称して間違いないと思います。私は信じます。武士道は神が日本人に賜《たま》ひし最大の賜物であって、是《こ》れがある間、日本は栄え、是れが無くなるときに日本は亡ぶのであると。……日本に於《お》けるすべて善き事は此武士道に由《よ》って成ったのである」と述べている。(22)

実際、私自身、「武士に二言なし」「武士の情」「武士は相見互《あいみたが》い」「一合とっても武士は武士」「武士は食わねど高楊枝《たかようじ》」「士は己を知る者のために死す」といった武士の心情や心意気を表した言葉が、自然に自分の性格や性向を形成していることは認めざるを得ない。私が交流している日本人経営者の多くは私と同様の気質をもっている。

世界に通用する武士道の精神

新渡戸稲造の『武士道』は、多くの外国人たちにも広く読まれており、日本の武士道は国際的評価を受けている。米国第二十六代大統領セオドア・ルーズベルト（一八五八－一九一九）は、『武士道』を読んで、深く感銘し、五人のわが子に一冊ずつ手渡して、次のように言い聞かせている。

「これを読め。日本の武士道の高尚なる思想は、我々アメリカ人が学ぶべきことである……この武士道は全部アメリカ人が修行し、又実行してもさしつかえないから、お前たち五人はこの武士道をもって処世の原則とせよ」

また、前台湾総督の李登輝《りとうき》（一九二三－）は、『武士道』を読んで感銘し、日本人に次のようなメッセージを送っている。

「日本の武士道は素晴らしいのであり、天下無比のパワーを秘めているのです。このような不言実行あるのみの不文律を築き上げてきた民族の血を引く日本人は、もっと自信と誇りをもって、積極的に国際社会のリーダーの役割を果たしていくべきではないでしょうか」

「私はこのような日本精神、すなわち、義を重んじ、誠をもって率先垂範《そっせんすいはん》、実践躬行《じっせんきゅうこう》するという大和魂の精髄がいまなお脈々として武士道精神の中に生き残っているからこそ、日本及び日本人を愛し、尊敬しているのです」

このように、武士道の精神は、日本の心として世界の多くのリーダーたちに感銘を与え、日本人は高尚な民族として評価されている。武士道の精神を根源とする経営道が、日本の伝統的企業家精神として世界の国々から高い評価を得るよう日本人経営者の奮起を促したい。

第三章

経営道七則——経営道に基づく経営姿勢

経営道は「経営は心なり」という道義の実践である。経営道に基づく経営を実践するための基本的経営姿勢として私は次の「経営道七則」を定めている。

一　愛社精神をもって創業の志を貫き、会社の存続・発展をはかれ
二　愛国心をもって日本の国益に寄与せよ
三　人類愛をもって世界の平和と人類の幸福の実現を目指せ
四　道義を重んじ、社会的責任を果たせ
五　一流のいき方を貫き、品格を高め、常に福相で臨め
六　確固たる意志、燃える情熱、果敢な行動で本業に取り組め
七　革新的・創造的・チャレンジングな姿勢で新時代・新天地を切り拓け

第一則　愛社精神をもって創業の志を貫き、会社の存続・発展をはかれ

純粋な創業の志が会社の存続・発展の原動力

創業者は志を抱いて会社を設立する。創業者の志が建社の精神であり、その志がその会社の精神的支柱となる。

元禄十五年、島津綱貫《しまづつなたか》が定めた七箇条から成る教訓状の第二条では、「志は諸道の根本である。大本が立たなければ、万事を遂げることはできぬ。だから、まず、志を堅固に持つことが肝要である」と定め、志が「道」の根本であり、堅固な志をもたなければ、目的は達成できないと諭している。

第三条では、「物をもてあそべば志を失う、とは聖人の格言である。まして、遊興《ゆうきょう》をもっぱらにし、勝負を好み、酒色にふけるなどとは、もっての外のことである」と定め、真面目に志を貫くことが肝要であると諭している。(23)

江戸中期の儒学者・荻生徂徠《おぎゅうそらい》（一六六六－一七二八）は、「志なき人は聖人もこれを如何ともすることなし」と、はじめから志のないものは論外だと述べている。

また吉田松陰も従弟の彦介の元服式に贈った「士規七則《しきしちそく》」（松陰二十六歳）の中で、「志を立てて万事の源と為す」として、志が物事すべての出発点となるので、志を立てることが大切であることを諭している。

その会社の価値は、創業の志である。志は創業者が心に描く夢——最高最善の理想の会社の姿——を実現するための決意と努力である。したがって、志の大小、高低、純不純によってその会社の品格、目的、次元、スケール、将来性は変わってくる。

もし創業者の起業の動機が純粋であれば、その志は正しく、正業を生み、不純であれば不正であり、虚業を生むことになる。不純な動機はやがて不正や不祥事を生み、会社を破滅に導くことになる。

創業でいちばん大切なことは、志が純粋であることだ。そうでなければ、「経営は心なり」という経営道に則った経営を営むことはできない。純粋な志を立てたら、その志を純粋に貫き通すことが肝心だ。

京都呉服卸業の外村与左衛門《とのむらよざえもん》の家訓「謹言」には、「人ハ一代、名ハ末代、家ヲ保ツ道ハ勤ト倹トニアリ、奢ニ長ジ易シ慎ムベシ、長ク楽マント欲セバ分ヲ守リ、信心慈悲ヲ忘レズ、心ヲ常ニ快ブベシ」とあり、勤勉、倹約、心の平安が大切であると諭

している。(24)

会社経営は常に順風満帆であることは有り得ない。経営者は逆境や失敗を試練と受け止めて乗り切る不撓不屈《ふとうふくつ》の精神をもって初志を貫徹しなければならない。

吉田松陰は安政元（一八五四）年三月二十八日、停泊中のペリー艦隊に乗り込んで密航を訴えたが拒絶され、翌日、自首して幕吏に捕えられ、江戸に護送され、同年九月二十三日、幕府の命により萩送りとなり、幕命により萩の野山獄《のやまごく》に投獄された。この危険な計画を断行して失敗したときに、「僕は、しくじればしくじるほど、志はいよいよ固くなるばかりだ。これは天の試練だろうから、少しもへこたれないぞ」と平然としていた。また安政五（一八五八）年、老中間部詮勝《まなべあきかつ》を要撃しようと、門弟《もんてい》十八名と血盟。藩より投獄の命が下り、再び野山獄に投獄されたときも、「大事が成就するさいの千百の挫折は、天がわれらの志をためしているからであって、今日の失敗は将来の成功である」と不動の信念を示している。(25)

また松陰は、「真の志士は艱難困苦《かんなんこんく》の処にて愈々激昂《いよいよげっこう》して、遂に才を成す」と述べている（『講孟余話』安政三年四月）。ここが偉業を成す人の一大特色である。

経営者は吉田松陰のように、一旦、志を立てて実行に移したら、いかなる困難にも立ち向かう強固な志をもたなければ、経営責任を全《まっと》うすることはできない。経営者は自社の創業の志を正しく受け継ぎ、創造し、自社の存続・発展のために初志貫徹するのが自己の使命であることを肝に銘じなければならない。

志こそ、経営者の将来の夢であり、心の支えであり、活動の根源であり、発展の鍵である。

後継者は創業の志を継ぐ有徳者を

さらに創業者は、自社を存続・発展させるためには、創業の志を受け継ぐ有徳人《うとくにん》を後継者に選ぶことが肝心である。なぜなら、創業の志が失せるとき、その会社は衰退し始めるからである。

この資本主義経済社会では、毎日のように新しい会社が生まれ、既存の会社が消え去っていく。実際、実に多くの会社が設立後、数年のうちに消滅しているのが歴史的事実だ。

百年以上に亘って存続・発展し続けている日本企業は四百万社のうちわずか二万五千社しか存在していないのが実態だ。このように、会社が百年以上も存続・発展し続けることは至難の技である。

会社が倒産する原因は、放漫《ほうまん》経営、人材不足、売上・利益率低下、赤字累積、資金繰りの悪化、不景気の影響など多種多様であるが、中でも最も根本的な原因は、その会社の創業の志の喪失である。創業の志を失うと「仏作って魂入れず」のような精神的支柱のない経営状態に陥り、やがて衰退の一途をたどる羽目になる。創業の志は自社の羅針盤であり、これを失うと針路が分からなくなり、途方に暮れて競争の荒波にのまれて沈没してしまう。

偉業はすべて創業者の純粋な動機を根底として成就される。創業者の志の純粋さが、後継者の不純な動機によって失われると、そのときから社員のモラールが低下し、経営戦力は弱体化していく。

これから自社が何十年も百年以上も存続・発展し続けることができるかどうかは、ひとえに後継者たちが愛社精神をもって創業の志を正しく継承し、創造していくかどうかにかかっている。

会社は会社を愛する社員によってのみ守られる。したがって、社員の愛社精神の強弱によって会社の強弱は決まる。社員の愛社精神が強まれば強まるほど会社は強くなり、弱まれば弱まるほど会社は弱くなるのは自然の理である。

会社を愛する心は正しい心である。すべての社員が正しい心をもてば、会社は固く守られる。社員が正しい心をもって創業の精神を受け継ぎ、さらに創造していく愛社精神をもてば、会社は存続・発展し続けることができる。

第二則　愛国心をもって日本の国益に寄与せよ

世の為、人の為に起業する

愛社精神が会社を守るのと同じように、日本は祖国を愛する者たちによってのみ守られる。したがって、国民の愛国心の強弱によって国の強弱は決まる。国民の愛国心が強まれば強まるほど国は強くなり、弱まれば弱まるほど国は弱くなるのは自然の理である。国を愛する心は、正しい心である。すべての日本人が正しい心をもてば、日本は固く守られる。企業経営者は、日本人として国を愛する正しい心をもって企業活動を通じて日本の国を守る責務を負っている。

吉田松陰は「こんにち、諸外国が競いあって来航している。国家の大問題ではあるが、深く憂えるほどのことはない。いま深く憂えなければならないことは、ひとびとの心が正しくないことである。いやしくも心が正しければ、ひとびとはみな、死を賭して国を守ることだろう。たとえその間、勝ち負けや運不運はあろうとも、国そのものを一挙に失ってしまうことはない。しかしながら、ひとびとの心が正しくなければ、たたかうことなく国をあげて外国の横暴にしたがうことになるだろう」と述べ、国民の正しい心が国を守ると説いている。(26)

日本を真に愛する日本人は、日本が世界の人々から尊敬され、信頼される立派な国であってほしい、また日本が平和で豊かな国であってほしいと願い、同時に、日本を愛するだけでなく、他の国々も日本を愛すると同じように愛するはずである。

真の愛国心は、自分の祖国を愛すると同じように他の国々も愛する心である。自国を愛して、他国を敵視するのは、敵愾心《てきがいしん》であって、愛国心では決してない。

日本人として生まれ、日本人として生きていく日本人が、自分の祖国に対して愛や忠誠心の気持ちを抱くのは、ごく自然な心情であり、愛国心は本来、国民一人ひとりの心の中に泉のごとく自然に湧き出てくる思いなのである。真の愛国心には右翼も左翼もない。あるのはただ、日本を立派な国にしたい、そのためには自分は立派な日本人でありたいという純粋な心だけである。

愛国心は長い日本の歴史の中で培われてきた日本人の国を思う自然な心である。「愛国」という言葉が日本史の中で最初に登場したのは、『日本書紀』（巻第三十・持統天皇）である。その中で持統天皇が六九〇年に次の勅語の中で「愛国」という御言葉を述べられている。(27)

乙丑《きのとうし》（二十二日）に、軍丁《いくさよほろ》筑後国上陽咩郡《かみつやめごうり》の人大伴部博麻《おおともべのはかま》に詔《みことのり》して、「天豊財《あめとよたから》重日足姫天皇《いかしひたらしひめのすめらみこと》の七年に、百済《くだら》救済の戦役で、お前は唐軍の捕虜となった。天命《あめみこと》開別天皇《ひけらかすわけのすめらみこと》の三年になって、土師連富杼《はじのむらじほど》・氷連老《ひのむらじおゆ》・筑紫君薩夜麻《つくしのきみさちやま》・弓削連元《ゆげのむらじげん》宝《ぼう》の子の四人が唐人《とうじん》の計略を報告しようと考えたが、衣服も食糧もないため、通達できないことを悔やんだ。そのとき、博麻は土師連富杼らに語って、〝私もあなたたちとともに本国に帰還したいが、衣服や食糧がないために、一緒に帰国することはできない。どうか私の身を売って衣食に充ててほしい〟と言った。富杼らは、博麻の提案どおりに朝廷に通達することができた。お前ひとりがそれから長く他国に留まり、今年で三十年になる。私は、お前が朝廷を尊び国を愛し、自分の身を売って忠心を表したことを喜ばしく思う。それゆえ務大の位と、併せて絁《あしぎぬ》五匹、綿十屯・布三十端・稲千束・水田四町を与えよう。この水田は曾孫まで伝えよ。また三族の課役を免除して、その功績を顕彰しよう」と仰せられた。

日本では企業の創業者は、「世の為、人の為」に尽くすという志で起業するのが伝統的風儀となっている。「世の為、人の為」は、換言すれば、「国家の為、国民の為」であり、国家の安全と繁栄及び国民の安心と幸福を実現することを経営目的として事業を行うのが、日本の企業家精神である。

私は百年以上の長きに亘って存続・発展してきた日本企業の成功の謎解きをしようと思い、取材したことがある。そしてどの企業にも共通していた成功の秘密は、創業者の愛国心にあることを知り、深く感銘を受けた。

「国益に寄与する」という志で起業した三人の創業者

ここで、「国益に尽くす」という志で起業した三名の創業者を紹介しておこう。

イトーキの創業者・伊藤喜十郎は、発明特許品の普及で国益に尽くすという志で起業した。

「いまから約百三十年も前の明治二十三（一八九〇）年三月、旺盛な好奇心をもつ冒険好きの一青年が、大阪から片道二十時間かけて神戸―新橋間を一日一往復する二輛《りょう》連結の汽車に乗って、東京で開催中の第三回内国勧業博覧会の見物にやってきました。

大入り満員の上野公園の会場では、いろいろな新しい技術手法や優れた発明特許品が展示されていました。会場を回りながら、それらの特許品の一つひとつを見ていくうちに、伊藤喜十郎の心の中にパッと閃《ひらめ》きが湧きました。

〝発明品――専売特許奨励ということで、品物の中に、変わったものがちょいちょいある。これを大阪にもっていったらいい。面白いものがあるにちがいない。……せっかく日本全国はもちろんのこと、外国でも他に真似《まね》せられぬ権利を発明して持っているものを一般が利用してくれぬということは、発明家にとっても気の毒である。また国家としても面白くない。今これを輸出すれば、国の利益になるし、かつ発明を奨励し、他の発明家も続々起こってくるであろう〟と。伊藤喜十郎は、熱い思いを抱いて大阪に帰り、同年十二月、発明特許品の販売・普及を目的に〝伊藤喜商店〟を創設しました。これが〝株式会社イトーキ〟の前身です。

もし、伊藤喜十郎が、このとき〝発明特許品を売って一儲けしてやろう〟という私利的な魂胆《こんたん》で起業していたなら、その会社は長続きせずに、今日のイトーキは存在していなかったでしょう。

伊藤喜十郎が立派な創業者であったことは、発明特許品を販売・普及して、日本の国益を増大し、発明の奨励と発明家の人材育成に貢献したいという無私の大志を抱いて創業したところにあります」(28)

ゼブラの創業者・石川徳松は「ペン先を輸入に頼らず、国産化が日本国家・社会のためになる」という志で起業した。

「ゼブラの創業は、百二十年前の明治三十（一八九七）年に、創業者・石川徳松が、現在の本社所在地である東京・牛込東五軒町で、自ら考案した製造機械によって、日本最初の〝鋼ペン先〟を製造・販売し、〝石川ペン先製作所〟をスタートさせたことにさかのぼります。

石川徳松は、幼少期の頃から〝物をつくる〟ことが大好きでした。そして〝世のためになるものをつくって、お国に奉仕する〟というのが、徳松少年の口癖だったといいます。

当時、日本社会では、毛筆が使われていましたが、とくに毛筆を使う大福帳からペンを使う簿記《ぼき》に変わったことがペン先の需要増大の大きな誘因となりました。石川徳松は、自ら洋式帳簿を使うようになり、これを切っ掛けとしてペン先の開発・製造に着手する動機となったのです。

石川徳松は、〝これからペン先の需要が伸びてくる。輸入に頼らず国産化することが、国家・社会のためになる〟と強い決意をして山田金庫を退職し、自宅を研究室にし、文献も資料もまったくない状態の中で、鉄板をハサミ型に抜いたものを絞ってペンにしてみました。ペン先がなかなかまとまりませんでしたが、明治三十三（一九〇〇）年頃にやっと現在の〝抜き型〟ができ上がりました。夜は石油ランプの灯りを頼りに、散々苦心して、焼き入れした鋼にペン先の先切り取りという難問を解決し、

〝石川ペン先製作所〟を創設しました。これがゼブラの前身です。
私は、ゼブラという会社が百二十年間も存続・発展してきた最大の原因の一つは、創業者が、〝ペン先で儲けてやろう〟という拝金主義の私的動機ではなく、〝ペン先を輸入に頼らず、国産化することが日本国家のためになるので、ペン先を自分で製造、販売する〟という大義に立った公的動機に基づいて固い決意で創業し、後継者たちがその創業の精神を脈々と受け継ぎ実践してきたところにあると思います」(29)

トヨタの創業者・豊田佐吉は、創業の志を次のように述べている。

「何にいくら儲けたいの、これだけ儲けねばならぬと、そんな欲張った自分本位の考えじゃ駄目じゃ。世の中の多くの人の為、又お国の為にという考えで一生懸命働いてゆけば、食う物も着る物も自然と随いて来るものじゃ」(30)

豊田佐吉は日本人は、国が貧しいので才能や素質を世界で発揮できないと思い、繊維産業の機械化により木綿製品を製造すれば、日本人の生活が豊かになり、世の中とお国のためになると考え独学で発明に取り組み、明治四十（一九〇七）年、織機の特許を得た。トヨタを世界有数の企業に育て上げた原動力は、豊田佐吉の「世の中、お国の為」という愛国の志の継承・創造に他ならない。

日本が明治維新によって封建制度を打破し、資本主義経済体制に移行して、世界の列強に伍する近代国家を樹立した大きな要因の一つは、明治政府の殖産興業政策であったが、産業の振興の原動力を発揮したのは、企業経営者であった。

明治維新以降の日本経済の発展は、愛国心をもって「日本国家・社会の為に」という志で起業したイトーキやゼブラやトヨタ等の創業者たちの企業家精神によってもたらされたものであり、「経営は心なり」という経営道を貫いた経営者たちの努力に他ならない。

二十一世紀日本企業経営者は「日本企業は日本国家あっての日本企業である」ことを銘記すべきである。日本国家が安全で、繁栄しなければ、日本企業は存続・発展することはできない。日本企業が伸びれば、日本国家は繁栄し、日本国家が繁栄すれば、日本企業は伸びる。国家と企業は二人三脚の関係にあり、一体なのである。したがって、日本企業経営者は、先達のように愛国心をもって、この日本の伝統的企業家精神を正しく継承し、日本国家の国益と発展に寄与していかなければならない。真の経営者は愛国者である。

戦前の日本ではほとんどすべての国民と企業は祝日には日の丸を門口に立てていた。ところが、戦後の日本では、敗戦後、日本を占領・支配した連合国軍最高司令官総司令部によって日本国旗の掲揚が禁止されて以来、日の丸を祝日に掲揚する国民や企業はほとんど見られなくなってしまった。

いまこそ日本企業は、愛国心を取り戻し、祝日には日の丸を掲揚すべきだ。そうすれば、日の丸を掲げた会社の社員たちは自然と大和心が培われ、日本に誇りをもつようになる。日本を愛し、誇りに思う大和心が、経営道の精神なのである。日本再生は、企業による祝日の日の丸掲揚から始めよう。

なお、日の丸の歴史は古く、八世紀初頭、文武《もんむ》天皇の時代に元旦の儀式で掲げられ、幕末の安政元（一八五四）年に日米修好通商条約が調印されたときに正式に日本のしるしは日の丸であることが明示され、明治三（一八七二）年、太政官布告で日の丸は正式に国旗として定められた。日本企業はこの日の丸の歴史を受け継がなければならない。

第三則　人類愛をもって世界の平和と人類の幸福の実現を目指せ

「世の為、人の為」に「世界の為、人類の為」を加えよう

二十一世紀グローバル時代では、日本企業は世界の国々との国際ビジネスをいっそう促進していくのが得策である。

日本企業が国際社会の中で主導的地歩を築き、事業を拡大・発展していくためには、国際社会の一員としての国際的責務を果たし、世界の国々から尊敬と信頼を勝ち取らなければならない。

二十一世紀日本企業は国際ビジネスを通じて次の四つの側面で貢献することによって国際社会の中で存続・発展していかなければならない。

・世界経済の安定と発展
・地球環境の保全
・人類福祉の向上

・世界平和の維持と達成

日本企業はこれまで愛国心をもって「世の為、人の為に」という経営理念に基づく事業活動を通じて日本経済の発展に寄与してきたが、これからの新しいグローバル時代では、さらに「世の為、人の為に」に増し加えて、人類愛をもって「世界の為、人類の為に」という新しい経営理念に基づく国際事業活動を通じて世界の平和と人類の幸福の実現を目指す国際経営戦略の策定・展開が必要だ。

地上のすべての人間が求めて止まぬものは自分の幸福と世界の平和である。個々の人間にとっていちばん大切なことは、いつでも「自分は幸せだ」と心の底から感謝できる心境にあることである。人間は、「自分は本当に幸せだった」と言い切れる人生を送りたいがために苦労して働き続ける。それほど幸福というものは、個人にとって掛け替えのないものである。

また個々の人間が幸福であるためには、自分が住む世界が平和の状態に保たれていなければならない。幸福は平和の中でしか得られない。幸い、日本は戦後、平和な国であり、日本人は自らの幸福を追求しながら生きることができる。

しかし、世界中の多くの地域や国々には、劣悪な生活環境の中で貧困に喘《あえ》ぐ数億人の不幸な人々が存在しているというのが実態だ。

人間は自分が幸せな境遇にあっても、眼前に不幸せな人々が苦しみ喘ぐ姿を見ると、幸せな気持ちにはなれない。心ある人なら、自分と同じように他の人々が幸せに暮らす姿を見てはじめて真の幸せを感じるに違いない。日本人ばかりでなく、人種や民族の違いを乗り越えて地上のすべての人間をくまなく愛することが世界平和への道である。この心が人類愛だ。

「世界の中の日本企業」としての存在価値をもつ

新しい二十一世紀のグローバル時代には、この地上に無数の恵まれない不幸な人々を置き去りにしてはならない。経済先進国である日本は、自国の繁栄だけを求めるのではなく、また日本人は自分の幸福だけを追求するのではなく、全人類が平和の中で幸せに暮らせるように、人類愛をもって世界の平和と人類の幸福の実現を目指して努力しなければならない。そうでなければ、日本企業は「世界の中の日本企業」としての存在価値を失うことになる。

幸福は個々の人間にとって、平和は全人類にとって何よりも大切なものである。われわれ日本人が心から世界の平和と人類の幸福の実現を目指したいと思うのなら、まずわれわれは日本人であると同じように人類の一員であることを自覚しなければならない。

世界の平和と人類の幸福の実現は、すべての国の国民の共通の目的であり、この目的を達成するためには、それぞれの国民が互いに人種、民族、宗教、歴史、文化、言語、風俗慣習、政体、経済発展の段階などの異質の壁を乗り越えていかなければならない。

そのためにわれわれ日本人は異人種や異民族や異文化を優劣や強弱の尺度で見るのではなく、平等の立場でとらえ、すべての国、すべての国民に対して、日本・日本人に対するのと同じ心と同じ姿勢で平等に接していくことが大切だ。

私はアメリカのロスアンゼルスで黒人の家庭でホームステイをしたときに多くの黒人たちと交流した。そのとき、彼らが私に「私たちは日本に感謝し、日本を尊敬している。日本はどの国よりも大好きだ。日本は私たちのフレンド（味方）だ」といったので、その訳を聞いたところ、「日本は一九一九年、国際連盟で、『連盟に参加している国家は、人間の皮膚の色によって差別は行わない』という内容の条文を規約に盛り込んだ『人種差別撤廃』を提案してくれた。この提案は議長のアメリカ大統領ウィルソンによって否決されたが、黒人たちにとっては感謝してもしきれないほど有難い激励だった」と説明してくれた。日本は人種差別撤廃を世界に向けて宣言した最初の国だったのだ。

これからのグローバル時代には、日本企業は、異文化理解を深め、異質の融合をはかり、取引先国の平和と国民の幸福の実現を目指す国際ビジネスを推進していくことが、日本企業の国際的使命である。日本企業が一国でも一民族でもフレンドを増やしていくことが、日本の為であり、世界の為である。

二十一世紀日本企業は、経営道の精神である「経営は心なり」の志をもって「世界の為、人類の為に」尽くすべく国際的責務を果たし、世界に光り輝く希望の星とならなければならない。

第四則　道義を重んじ、社会的責任を果たせ

信義と礼儀がビジネスの基本

道義は経営道の根幹である。人間は人間として守り、行うべき正しい道を歩むことが何より大切だ。人間が社会生活を送るための正しい行為の基準が道徳であり、道義は道徳の筋道を示すものである。人間は道義心をもつことによって正しい生き方をすることができる。

会社は人間で構成される人的組織である以上、人間と同じように、会社として守り、行うべき正しい道を歩むことが何より大切だ。したがって、会社は道義を重んじることを自社の経営方針の根幹とすべきである。

会社は事業を展開していく過程で、外部の企業、団体、官公庁、消費者、顧客などとの種々さまざまな人間関係が生じる。人間関係は何を基準にして考えるかによって、質的に変わってくる。強弱、優劣、利害損得、主従、老若、貧富などを基準にして人間関係をとらえる人もいる。

これらの関係では、常に一方が強く、他方が弱いとは限らない。あくまでも相対的なもので、不安定であり、いつ形勢が逆転するかもしれない関係である。

しかし、善悪という基準で人間関係をとらえると、どちらが正しく、どちらが悪いか明白となる。相手が自社より有力で優位であっても、その相手との関係において自社が道義を守っている限り、何も恐れることはない。常に道義を守る側に立つ生き方をしていれば、いつも堂々としていられる。

いかなる問題でも、最後は道理に適ったほうが勝つ。道義を重んじることが自社を正当に守る最強の武器である。道義を重んじる企業や人たちとの協力連携関係を築くことが、経営戦力の強化につながる。道義ほど自社を守ってくれる強力な味方はない。

企業は社会を構成する一員として自社の事業活動を通じてより良い社会の実現に貢献すべき社会的責任を担っている。社会的責任を果たすためには、正しい心で正しいことをする以外にはない。道義心をもたない企業が社会的責任を果たすことは不可能である。

山鹿素行は、『山鹿語類』（巻第二十一、士談）の中で「道に志すところがなければ、目先の利益に満足して、人としてのあるべき道の全体をわきまえぬことになる。またたとえ目先の利益であっても、それを道全体から考えて得るというのでないと、結局は社会全体の害となってしまうのである」と述べ、道に志さなければ、社会に益することはできないことを諭している。

この言葉は、企業経営者が社会的責任を果したいと思うなら、道に志すところから始めなければならないことを教えている。

戦国大名の北条早雲《ほうじょうそううん》（一四三二－一五一九）の家訓「早雲寺殿廿一箇条《そううんじどのにじゅういっかじょう》」の中で「心が曲がっていたならば天道からも見はなされるものであることを肝に銘じて、深く慎まなくてはならないのである」と、正しい心をもつことの大切さを諭している。(31)

武士道では武士が正しい心をもって道に志すことが武士道の真髄であるとされている。経営道は武士道を根源としているので、武士道と同じように、経営者は正しい心をもって道に志すことが経営道の真髄とされている。

企業が道義を重んじる姿勢を貫くためには、とくに信義を守ることが強く求められる。企業と外部関係者との関係は、約束で結ばれている。約束を守り、義務を果たすのが信義である。ビジネスは当事者の約束の履行で成り立っている。約束が守られなければ、嘘をついたことになり、商取引は中断せざるを得ない。信用こそ、事業成功の鍵である。

明治の実業家であり、第一国立銀行創立をはじめ五百以上の会社を設立し、日本資本主義経済の発展に寄与した渋沢栄一（一八四〇－一九三一）は、明治三十年の演説「商工業者の志操《しそう》」の中で「商売人は決して嘘を吐いてはならぬ。又嘘など吐くべき者ではないのであります。もし商売人が嘘を吐くようならば、商売人の徳義も信用も地に墜ちてしまわなければならぬ。商売は元来何に拠って立つかというと、即ち信用に拠るといわねばならぬ。嘘を吐かぬということが最も信用の根拠をなすと言わねばならぬ」と述べ、商業者に信用の大切さを訴えている。(32)

また渋沢は、「将来我が国が盛《さかん》になるためには、どうしても実業の発展をはからなければならない。それがためには、実業道徳を振るひ起し、士魂商才で行かなければならない……われわれは金を善用することを忘れてはならない。実に、金は貴ぶべくまた賎《いや》しむべし。これをして貴ぶべきものたらしむるものは、偏《ひとえ》に所有者の人格によるものである」（『論語と算盤』）と述べ、商才は道義を根底としたものでなければならないと訴えている。

「約束」を経営基本方針としたカゴメ

ここで、以前、私が取材したことのある「約束」を自社の経営基本方針としてマーケティング戦略を展開している明治三十二（一八九九）年に創設されたカゴメの事例を挙げておこう。

「カゴメは、現在『ブランド価値経営』を推進しています。これは、カゴメという企業やカゴメ商品が、社会や顧客にどんな価値を提供するのかを『約束』し、その『約束』に基づいて、会社経営に当たるというカゴメの経営基本方針のことです。カゴメは、その『約束』を果たすために、『自然を、おいしく、楽しく。KAGOME』というブランド・ステートメントを明快に打ち出し、KAGOMEのすべてのブランドは、自然の恵みの価値をもっており、その価値をお客様に提供することを『約束』し、その『約束』を立派に果たしていくという、ブランド価値を約束するマーケティング戦略を展開しているのです。（中略）

顧客への『約束』を果たし、『感謝』の意を込めて顧客に接していくカゴメのマーケティングの姿勢が、カゴメ・ブランドをナンバーワン・ブランドに育て上げたのだ

といえます」(33)

カゴメのように百年以上存続・発展し続けてきた企業に共通している点は、顧客との約束をしっかり守り続けてきた信義に厚く、強い社会的責任感をもつ企業であるということである。信義は当事者間に絶対的信頼関係を築くので、両者の関係は自ら長続きし、会社は存続・発展し続けることになる。

信義と同じように大切なのは礼儀である。三十年も四十年も、いやそれ以上に長い間、良好な関係が続いている取引先企業には一つの共通点がある。それは、それらの会社の経営者や担当者たちが、信義に厚いばかりでなく、非常に礼儀正しい人であるということである。

礼儀正しいということは節度を守り、筋道(物事の道理)を通すことである。会社は営利法人であるから、利益を追求するのは当然のことであるが、自社の利益目的のために他社や他人を手段化してはならない。人を自分の利益のためにタダで利用するだけ利用して利益を得たら、後は知らん顔という利己主義的な商法は、道義に反する卑劣な行為であるが、実際のビジネスの現場では、この種の人間が暗躍《あんやく》しているのが実態だ。

ビジネスを成功させるためには、まず自分が相手に対して礼儀を重んじると同時に、筋道をきちんと通す人物と仕事をすることである。筋道を通す間柄ではトラブルは起きない。

私が多年に亘って交流しているT氏の仕事の依頼でM氏を紹介したところ、T氏はその後、M氏との仕事の進捗状況を私にいちいち報告してきた。そして商談が成立するとT氏とM氏がわざわざ私の事務所に来社して礼を述べられた。

その後T氏とM氏は非常に緊密な関係でいい仕事を続けているが、T氏もM氏も自分たちの人間関係を「私たちは井上さんあっての仲ですよ」といって、私を立てようとする。私は、彼らが「人と人との交わりには、互いに踏むべき正しい筋道がある」ということを互いに守っている律儀さに深く感服している。

道理にかなった言動は、事業を正しく進めていく潤滑油《じゅんかつゆ》である。企業は、顧客に対して信義と礼儀と約束をしっかり守ることによって社会的責任を果たすことができる。

第五則　一流のいき方を貫き、品格を高め、常に福相で臨め

品格あるいき方が企業を一流に育てる

創業者は将来、一流の地歩を築きたいと思うならば、はじめから一流のいき方をしなければならない。

現在、各業界の自他ともに許す一流の企業は、現在の一流の地歩《ちほ》を占めてはじめて一流になったのではなく、創業者が初志を抱いたスタートの時点から一流のいき方、歩み方をしてきた企業である。

一流の社長は、新入社員のときから新入社員として一流の新入社員であり、主任や係長のときも一流の主任や係長であり、課長のときも一流の課長だからこそ部長に昇格し、部長になっても一流の部長であったに違いない。社長に就任してはじめて一流になったのでは決してない。

このように、一流とは、成長段階の一つひとつを一流に歩み続けてきた一流のいき方の蓄積に他ならない。現在、一流の企業は成るべくして一流になったのである。

もし将来、一流の経営者となり、一流の事業をしたいと思うなら、いま自分が就いている職位で、一流の実績を示すことである。その実績の積み重ねが、一流の地歩を築いてくれる。

組織の中で自分を活かし伸ばしていくためには、まず着々と一流の実績を積むことである。実績づくりは、より高いレベルに昇進する階段を築くようなものである。いま企業で重責を果たしている一流のトップ・マネジメントは、自己の一流の実績をステップにして昇進昇格した人たちである。

その人の実績は、その人の他への貢献度を示すものである。一流の実績を積めば積むほど一流と評価される。自らは、謙虚にして語らず、実績をして語らしめよ。実績は黙然として一流の道を切り拓いてくれる。一流の実績が一流の人材を生む。

世間でいう一流は必ずしも一流ではない。一般に上場大企業は一流であり、中小企業は二、三流企業であると見られる傾向にあるが、このような規模を基準に評価する見方は間違っている。私にいわせれば、「経営は心なり」という経営道を守り、実践している企業が、一流企業なのであって、会社規模の大小は関係ない。

はじめから将来、大企業になろうという意図はなく、創業以来、中規模企業のまま、一流の事業を通じて社会貢献している立派な一流企業がある。

一流の事業によって社会貢献する「金鳥」

ここで、私が取材した百年以上、存続・発展し続けてきた企業の中でその代表的な一流企業の事例を挙げておこう。

「世界初世界ナンバーワンの金鳥《きんちょう》の渦巻《うずまき》かとり線香は、どのようにして誕生したのでしょうか。その誕生のドラマは、明治十八（一八八五）年に遡《さかのぼ》ります。その年、大日本除虫菊の創業者である上山英一郎《うえやまえいいちろう》は、大日本除虫菊の前身である上山商店の若き店主でした。

ちょうどこの年、サンフランシスコの植物会社社長H・E・アモアが来日しました。恩師福沢諭吉は、英一郎が〝世界を相手に仕事をして、日本の国に貢献したい〟という夢を描いていたことを知っていたので、英一郎をアモアに紹介しました。明治十九年に、英一郎が密柑《みかん》の苗を贈ったお礼に、アモアからいろいろな植物の種が送られてきました。その中に、一袋のビューハク（除虫菊）の種が入っていました。

そこで英一郎は除虫菊の栽培を始めてみることにしました。これが上山英一郎と除虫菊との出合いであり、日本の殺虫剤産業の始まりとなったのです。（中略）
〝金鳥〟の商標には、創業者・上山英一郎の建社の精神が刻み込まれています。司馬《しば》遷《せん》によって編集された、中国史上初の歴史書『史記』の中の『蘇秦伝《そしんでん》』に、中国戦国時代の遊説家蘇秦は、韓、魏、燕、斉の王たちと同盟を結び、秦に対抗すべきであると説き、〝それぞれ小国であっても、一国の王として権威を保つべきだ。秦に屈服するな〟ということを伝えるために〝鶏口《けいこう》となるも牛後と為る勿《なか》れ〟という言葉を引用しました。つまり、秦に屈して、牛の尻尾のように生きるよりも、小なりとはいえ、鶏の頭になるべきであると。
上山英一郎は、この一節を自らの信条として、明治四十三（一九一〇）年、〝金鳥〟の商標を登録したのです。業界の先駆者として、〝鶏口〟になるべき自覚と気概をもち、品質、信用、経営すべての面でナンバーワンであり続けるという英一郎の決意が、金鳥ブランドには込められているのです。
大日本除虫菊が、一貫して打ち出してきた〝ナンバーワン戦略〟は、金鳥の商標に込められた創業の精神の発露として現われたものなのです。

上山英一郎は、〝自社の製品が世界中で親しまれ、愛され、人々の健康に役立ちたい〟という夢を、この商標〝金鳥〟に託したのです」(34)

大日本除虫菊のように、大企業ではなくても、日本初・世界初のナンバーワン製品を打ち出して、世界の人々から百年以上にも亘って愛用されているブランドをもつ企業は、真に一流の企業であるといえる。このことは、一流のいき方を貫くことが、会社の存続・発展の鍵であることを物語っている。

一流が一流であり続ける保証はない

ただ、現在、一流の地歩を占めている業界トップランキングの企業は、自分たちは一流だと高《たか》を括《くく》っているととんでもないことになることにいま気づかなければならない。

もしその会社に勤める社員たちが、一流に築き上げた先輩社員たちがもっていた日本再建の決意、創業の志、不撓不屈の努力、使命感、創意工夫、紀律、信義、礼節などの愛社精神、愛国心、企業家精神を受け継がずに、自分たちが勤めている企業が一流であるということだけで、自分たちは一流のエリートであると慢心していると、その会社は一流の品格を失い、やがて衰退していくことは避けられない。

一流企業の創業時の社員の質が一流であったのに対して、現在の社員の質が三流に劣化してしまっては、一流の地歩を守ることはできなくなる。

一流の品格を失った企業は、一流のスタートを切ったいまのところ無名な中小企業に、やがてその一流の地歩を取って代わられ、その姿を消していくことは、十分に予測できることである。

一流企業が、このような状態に陥ってしまうと、最早もとの一流に返り咲くことは不可能に近い。一流がいつまでも一流であり続けるという保証はない。現在、一流の地歩を占めている企業は、この原理を肝に銘じ、「経営は心なり」という経営道を守り抜くことが大切だ。

また一流は「福相」をしているものである。

私は多年に亘って観相術《かんそうじゅつ》（人相を見て、その人の性格・運命などを判断する術）を研究し、自ら創始した「福心流観相術」を経営指導に用いている。福心流観相術によれば、人間の顔（人相）は、そのときの心意によって「福相」か「凶相」のいずれかの相を現わすものである。

心に善意――愛、誠意、好意、謝意、敬意、情けなど――を抱けば、顔は福相となり、自分にもまわりの人たちにも平安をもたらす。

逆に、心に悪意――憎しみ、嫉妬《しっと》、敵意、犯意、殺意、故意など――を抱けば、顔は凶相となり、自分にもまわりの人たちにも禍いをもたらす。

そこで福心流観相術は、「福相は自他共に幸福と平安をもたらすので、あなたは万事、常に福相で臨みなさい」と教えている。

また山鹿素行は、『山鹿語類』（巻二十一・士道）の中で「容貌（すがた）は天命によってうけた人としての本性や心を入れておくところの器である。内心に正しからぬことを思っていれば、容貌はそのためにいちじるしくゆがんで外に現われる。容貌を正しくしようとするなら、内心の思いを糾明《きゅうめい》しなければならない。思いが内にあれば、それが顔色になって外に現われるので、内外・表裏・本末は一貫しているが、本性なのだから、それぞれの間に差別をつけることはできないのである」と内心の正邪は顔に現われるので、「古代の君子はみずからの容貌のことを慎重に思い、立居振舞《たちいふるまい》の作法をよく考えるのである」と述べている。経営者は、「古代の君子」を自分に置き換えて、素行の言葉を噛《か》み締めるといい。

余談になるが、大東亜戦争中、大西瀧《おおにしたき》治郎《じろう》大佐（神風特別攻撃隊の生みの親）は、骨相学（頭・顔の骨格の特徴から性格・運命を判断する術）の名人・水野義人を航空本部嘱託に任命して、霞ヶ浦航空隊で約二十万人の海軍パイロットの採用検査を行った。航空隊で認定した飛行適性と水野の骨相判断を比較したところ、水野判断は符号率八十七パーセントであった。日本海軍のパイロットは骨相学で採用されていたのだ。(35)

観相術は、そっくりそのまま会社にも当てはまる。会社は人間の集団によって構成されているので、当然、その会社の心意は、会社の顔、つまり、「社相」に現われる。その会社が、倫理感、公共精神、法令遵守《じゅんしゅ》、顧客への感謝、信義、愛国心、人類愛など善い心意をもてば、品格が高まり、その会社の社相は福相となり、自社ばかりでなく社会に利益をもたらす。

逆に、その会社が、詐欺、汚職、暴利、背信、捏造《ねつぞう》、侵害、山気など悪い心意をもてば、品格が下がり、その会社の社相は凶相となり、自社ばかりでなく、社会に不利益をもたらす。

社相が福相になれば、品格のある会社となって繁栄し、凶相になれば、柄の悪い会社となってやがて滅亡していくことになる。その会社の社相は、その会社の盛衰を予言する。一流の会社を目指すなら、品格を高め、万事、常に福相で臨むことが肝心だ。

第六則　確固たる意志、燃える情熱、果敢な行動で本業に取り組め

本業一筋が会社経営の正攻法

五十年、百年と長期に亘って存続・発展してきた会社は、ただひたすら本業一筋に打ち込んできた会社である。

京都には百年以上連綿と一つの家業を守って存続している老舗《しにせ》が約千軒ある。これらの老舗は、「他所さんに笑われないように」「決して他業に指を染めるなかれ」と家業永続第一主義の経営に徹している。

向井長好が著した向井酒造の「家内諭示記」には、「家督わずかといえども我が物にてはなし、悉《ことごと》く皆先祖の物を、吾れ守営の身なければ油断なく、家業大切に怠らず励むべし、勤むべきにあり」とあり、外村与左衛門家の「改正規則書」には「家相

続の義は守ると守らざるに有るなり、必ず其家の作法仕来りの義、心得違いこれ無き様大切に相守り精勤すべし……只家法に随い、専ら無事長久を計うべし、必ず怠る可からず」とあり、両老舗の家訓では、ただひたすら家業（本業）に専念して無事長久をはかることを経営哲学としている。(36)

バブル経済期に拝金主義に取り憑かれて一儲けを企らんで、本業以外の事業に手を出して大失敗した会社はあまたあった。それは、「経営は心なり」の心を失って邪道を歩んだ不徳の報いだ。

会社は自社の本業に命をかけて取り組まなければ、存続・発展はおぼつかない。会社は本業で成功するしか他に方法はない。本業で成功するためには、経営者と全社員が一丸《いちがん》となってその本業に取り組まなければならない。そこでまず求められるのは、経営者と全社員の強い精神力と実践力である。強い精神力と実践力を生み、持続させていくために必要なことは三つある。

何よりも大切なのは熱意と行動力

第一は、経営目標への確固たる意志をもつことである。会社は毎年、新規の経営目標を設定する。一旦、設定された経営目標は期限内に達成されなければならない。そこで、経営者と全社員は、その経営目標を何がなんでも必ず達成してみせるぞという確固たる意志をもたなければならない。

意志は何かをしようとかしたいとする思いであるから、経営目標を達成したいという思いが強ければ強いほど、目標達成率は高くなる。

経営目標を達成するためには、経営者は全社員の経営目標への正しいオリエンテーション（方向づけ）と動機づけ（モチベーション）を行い、経営目標への統合化をはからなければならない。

経営者と全社員がやる気満々で経営目標を達成しようとする確固たる意志が、本業で成功する第一のトリガー（引き金）となる。「精神一到何事か成らざらん」という朱子（一一三〇－一二〇〇、中国、南宋の思想家、朱子学を大成）の言葉は、目的を成就するには欠かせない至言である。

また目標を達成したときには、清清しい感動が心を満たす。その目標が自分の限界を超えた高大なものであり、その目標への道が険しく、悪戦苦闘の末に達成したときほどその感動は大きい。

困難の中で目標を達成したときには、「自分でもやれるんだ」「努力すれば目標は達成できるものだ」といった新たな自信と「次はもっと高い目標を目指そう」というより確固たる意志が湧いてくる。

目標を達成したときには、経営者や上司は部下を労い、ともに達成感を味わい、次のより高い目標の達成に向けて意志を固めることが肝心だ。

第二は、本業に取り組む燃える情熱である。情熱は理想や目的に向けて自分を駆り立てる生命の泉である。何か世の為、人の為、世界の為、人類の為になる仕事をしたいという他の人々の幸せや社会の発展を願う熱い心である。

経営者も社員も、自社の本業が本当に人々に幸せを、社会に発展をもたらす事業であると誇りに思えば、その事業に真剣に取り組み、立派にやり遂げたいという使命感にも似た何か熱い思いが心の中に湧いてきて、「よし、やるぞ！」という新たな意志が生まれる。そしてその意志が強ければ強いほど、心が燃えてくる。

およそどの仕事であれ、その仕事を進めていくエネルギーは、その仕事を進める人の熱意である。熱烈な意気込みで仕事に取り組む熱い情熱は、相手や周りの人たちに燃え移り、互いの間に心の一致が生まれて勢いとなり、戦力は強化される。その事業の成功の可否は、経営者と社員の熱意にかかっている。

ドイツの哲学者ゲオルグ・ヴィルヘルム・フリードリッヒ・ヘーゲル（一七七〇－一八三一）は「世界において情熱なしに成就された偉大なものは決してなかった――ピラミッドも、万里の長城も、新大陸の発見も、ローマ帝国の建設も、地動説も、南極探検も、詩も名曲も、名画も、哲学も、ありとあらゆる人類の遺産は、すべて不屈の情熱によって成し遂げられたものである」と、情熱こそが偉大なものを生み出す源泉であると述べている。(37) 偉業は経営者の情熱によって生み出される。

第三は、本業に取り組む果敢な行動である。燃える情熱は、意志を行動へと駆り立てる。事業は行動そのものである。どんな立派な計画も、優れた戦略も、行動に移さなければ、絵に描いた餅であり、どんなに優れた理論も、高度な技術も、行動に活用されなければなんの役にも立たない。

事業計画が実施されたら、経営者と全社員は一致協力して、その計画の目標達成に向けて果敢に行動を展開していかなければならない。

私は前述したエーザイの内藤豊次初代社長から若い頃、訓話をいただいたことがあり、そのお言葉はいまでも私の事業への行動指針となっている。内藤初代社長は仕事に取り組む心得を四つ挙げられた。

一つは、〝Do it now.〟（いますぐやれ）、二つは〝Do it yourself.〟（自力でやれ）、三つは〝Keep the deadline.〟（期日を守れ）、四つは〝Facts and Figures〟（実績と数字）だった。

そして説明された。一つは即決即行で、仕事は先に延ばすな。二つは、仕事はひとに頼らず創意工夫して、責任をもってやれ。三つは、期日までに完遂して、約束を守れ。そして四つは、仕事はすべて実績と数字で評価される。

事業に取り組むときには、意志と情熱と行動とともに知性を働かせなければならない。イギリスの経済学者アルフレッド・マーシャル（一八四二－一九二四）は、その著『経済学原理』の中で、人間は常に「クール・ヘッドとウォーム・ハート（冷徹な頭脳と温かい心）をもたなければならない」と述べているが(38)、正に至言である。本業に取り組む際に銘記すべき言葉である。

目的への確固たる意志、燃える情熱、果敢な行動は、本業に挑むエネルギー源である。

第七則　革新的・創造的・チャレンジングな姿勢で新時代・新天地を切り拓け

新しい時代のニーズを満たす新たな価値の創造を

自社の経営を安定させ、事業を発展させていくためには、経営者ばかりでなく、社員も常に革新的で、創造的で、チャレンジングな姿勢で、新しい時代を切り拓き、新しい市場を開発していかなければならない。そのポイントは三つある。

第一は、企業は環境、時代、社会の変化にいち早く適応していくこと。変化は時々刻々と新しいものを生んでいく。その新しいものに追いついていけなければ、自社は古いものとなり、時代に取り残されてしまう。

いつの時代、いつの社会も、その時代、その社会をより良くしてくれる新しいものを求めて変化し続ける。企業はいまの時代をより良い時代に、いまの社会をより良い社会に新しくすることのできる新機軸を打ち出していく社会的使命を負っている。この新機軸の創造が革新である。

企業は時代や社会の変化を先取りして、自社のこれまでの経営体制や経営戦略等を抜本的に変えて新しいものを創造しようという革新的志向をもつことが大切だ。

アメリカの経済学者ジョセフ・アロイス・シュンペーター（一八八三－一九五〇）は、その著『経済発展の理論』の中で、革新企業者が新しいより良いものを創造するために古いものを破壊して新機軸を打ち出していく「創造的破壊」活動をイノベーション（革新）と呼び、資本主義経済の発展過程を創造的破壊の過程としてとらえている。(39)


シュンペーターの「イノベーション（革新）」と「創造的破壊」という用語は、戦後日本の革新的企業（イノベーター）に採り入れられ、日本企業の大きな活力となった。

経営革新は、部分的に、断片的に、戦術的に行っても効果はない。経営革新は、総合的に、抜本的に、戦略的に断行しなければ効を奏しない。

イノベーターは競合他社に先がけて新製品や新サービスを市場に打ち出していく発展志向型の先発企業である。したがって、その経営姿勢は、攻勢的で安定志向型の守勢的な後発のフォローアー（追随企業）とは対照的である。

イノベーターの特徴としては、未来志向性、リスク・テーキング、外向性、革新性、創造性、積極性、チャレンジ精神、開拓精神、先発性、主導性、実力主義、即決即行、ドラマ性、ロマンチシズムなどが挙げられる。

戦後の日本産業の発展に大きな貢献をした本田技研工業の本田宗一郎、ソニーの井深大と盛田昭夫、出光興産の出光《いでみつ》佐三《さぞう》、リコーの市村清、東レの田代茂樹、ブリヂストンの石橋正二郎、シャープの早川徳次などは、典型的なイノベーターだろう。

第二は、企業の社会的使命は、顧客の新たなニーズを満たす新たな価値を創造し、提供し続けることである。したがって、その会社の企業価値は、その会社が創造したものの価値によって計られることになる。

世の為、人の為になる価値を創造し、提供できない会社は、その社会的存在価値を失い、競争に負けていくだけである。創造性の開発は、会社にとって最重要なプライオリティ（優先事項）の一つである。

自社の社員が豊かな創造性にあふれていれば、常に業界のイノベーターとして主導的地歩を維持できるし、逆に社員の創造性が乏しければ、新機軸を何一つ打ち出すことができずに、競合他社に追随していくしか能がないという不利な状態に陥ってしまう。創造性は会社発展の原動力であり、競争力の源泉である。

会社は間断なく起きてくる種々さまざまな問題を解決しながら先に進まなければな

らない。社員に問題解決能力があるかないかは、会社にとって決定的な問題である。問題解決の鍵を握るのは創造性である。創造性があればあるほど、問題は未然に防げるし、もし問題が起きてもより解決しやすくなる。

会社は、「きっとこうなるであろう」という仮説（計画）を立て、その立てた仮説の通り、ことが運ぶことを信じて経営している。ところが、実際のビジネスにおいては、往々にして、立てた仮説がくずれてしまう。そこで予期しなかったような問題が起きる。立てた仮説が的確であればあるほど、問題の起きる確率は減少し、逆に立てた仮説がいい加減であればあるほど、問題の起きる可能性は大きくなる。したがって、有能な人材とは、的確な仮説を立てることのできる社員である。創造性は、的確な仮説の設定には欠かせない要素であり、創造性の開発は、会社の先見力や洞察力や計画性の向上につながる。卓越した実業家の特性の一つは、彼が優れた予言者であるということである。

さらに、実際に問題が起きた場合には、すぐその問題の解決に当たらなければならない。問題を解決するには新しいアイデアが必要となる。新たなアイデアを生み出す発想力は創造性であり、創造性は問題解決の鍵である。

学校では、解答のある問題が出されるが、会社では解答のない問題が出される。学校での問題は、他人があらかじめ一つの正解を用意したものであるが、会社の問題は、社員各自が自分で解答をつくらなければならない。

会社での問題の解答は即、問題解決でなければならない。その問題を解決してはじめて、その解答が正解であったことが実証される。解答のない問題を解くには、創造性が求められる。学校での問題は知識があれば解けるが、会社での問題はアイデアを思いつかなければ解くことはできない。解答のない問題は、新しい価値を生み出すのである。

企業は新しい時代を切り拓き、新しい市場を開発していくための新たな価値とアイデアを創造していくことが、これからますます国内外で激化する競争に打ち勝つ最強の武器となることを強く認識すべきである。

第三は、企業は常に自社にとって最重要・最優先経営課題をいち早くとらえ、その新しい課題にチャレンジすること。そこで会社は、まず「何」が自社の経営にとっていちばん重要なのか、またいちばん必要なのか、その「何」を的確に把握し、自社にとって「何」が最優先経営課題なのかを決定する必要がある。

まずミクロ・アプローチ（微視的接近法）で、視野を社内に向けて、例えば、経営組織の再編成がいちばん急を要するのか、新製品の新規市場開発がいちばん重要なのか、海外進出がいちばん必要なのかなど、自社にとっていますぐ取り組むべき経営課題は「何」なのか、また将来への布《ふ》石《せき》としていまから準備を進めるべき経営課題は「何」なのか、考えられるすべての経営課題を羅列して、それらの最重要経営課題にプライオリティ（優先順位）をつけて、自社の最優先経営課題を決定し、それらの経営課題に挑む自社独自の経営戦略を練る必要がある。

自社にとって「何」が最優先経営課題であるのかを把握するためには、自社の現行の経営管理、事業活動、マーケティング戦略、経営組織、職場管理など社内問題と自社戦力の総点検を行い、自社の経営や事業活動のミクロな実態・動向を的確に把握し、解決すべき問題点を総整理して、カテゴリー別に分類して、優先順位を決めればいい。

次に、マクロ・アプローチ（巨視的接近法）で、視野を社外に向けて、経済社会で起きているマクロ・トレンドに対応した自社独自の経営戦略を策定しなければならない。

○○化＝ゼーションによって大変身をはかる

現代は、まさに「ゼーション時代」ともいうべき一大転換期を迎えている。ここでいうゼーションとは、国際化（インターナショナリゼーション）のゼーションの「化」に当たるものである。このゼーションは数え上げればきりがないほど日本のありとあらゆる分野でスローガンのように叫ばれている。

国際化、グローバル化、ローカル化、ハイテク化、ソフト化、サービス化、システム化、高齢化、少子化、自由化、総合化、専門化、多角化、学際化、業際化、差別化、省力化、小型化、自動化、ロボット化、高付加価値化、高品質化、活性化、戦力化、無人化、ネットワーク化等々、わが国産業及び企業は、「ゼーション」の促進による「大変身」「大転換」に躍起《やっき》となっている。

このように、どの会社も激動、激変の時代に生き残るための「ゼーション戦略」が必要となっている。

「ゼーション戦略」とは、時代や社会のニーズの変化、市場や環境の変化、マクロ・トレンドなどに対応していくために、自社の本業で蓄積してきた技術、ノウハウ、資金などを駆使して、自己改革をはかる経営戦略で、自社なりの○○化（ゼーション）

を促進することによって、変身・転換をはかっていく極めて重要な戦略である。なお、「ゼーション戦略」という用語は、私が経営コンサルティングを進めていく上で便宜上つけた造語である。

これから会社は、ますます加速化する国際化や情報化や少子・高齢化などのマクロ・トレンドに対応した新規経営戦略を積極的に打ち出していかなければ、もはや競争に勝ち抜くことはできない。マクロ・トレンドの荒波を乗り切れない会社が衰退していくことは火を見るよりも明らかである。これまで伸びてきた会社は、すべてその時代、その社会のマクロ・トレンドにいち早く対応した新しいゼーション戦略を打ち出して、時代の荒波を乗り越えてきた会社だ。

このように、ミクロとマクロのアプローチで新たなテーマ（課題）をとらえ、その新たなテーマを掲げて取り組んでいけば、自ら未来を切り拓いていくことができる。新たなテーマへのチャレンジは、新しい価値の創造であり、革新の鍵となる。

新時代・新天地は、マクロ・トレンドに対応した革新的・創造的・チャレンジングな新規経営戦略や新規事業計画で切り拓くことができる。

第四章

経営道＝「経営は心なり」を実践する

一　「経営は心なり」の経営革新戦略

（一）創業の志に基づく経営理念の確立

理念レベルの経営戦略の策定・展開を

会社は創業者の志によって創設される。創業者の志は、その会社の経営理念であり、即、経営目的である。経営目的は、売上目標額がいくらとか、利益率が何パーセントといった具体的な目標値ではなく、自社の存在意義や存在価値、自社が社会に対して為すべきこと、自社の在るべき最高最善の理想像を示したものである。

自社が立派な会社かどうかを知るには、自社がしっかりした経営理念と目的を本当にもっているのかどうかをみればすぐ分かる。会社は営利法人なので、利益を追求するのは当然であるが、その利益の獲得の方法と利益の配分の仕方が問題だ。経営理念をもっている会社なら、利益の獲得は、社会正義や道義に則って正攻法の事業活動をフェアプレイで行うであろうし、その利益も社員や株主などの経営関与者の福祉向上のために配分したり、自社の維持・発展のために再投資するばかりでなく、経済社会の安定・発展のためになんらかのかたちで貢献して社会的責任を全うするはずである。

経営理念をもたない会社は、販売目標である利益の追及そのものが経営目的となり、金銭のためなら道義心も自尊心もなく、法の死角盲点を突いた悪徳商法で利益を上げようとする。このような会社では、経営者とその取り巻き連中だけが甘い汁を吸い、社員は経営者の利益追求のために手段化され、その会社も経営者によって私物化されることになる。真面目な社員はやがて、自分の会社に不信感を抱くようになり、自分の仕事に誇りと喜びをもつことができなくなり、著しくモラールを低下させるか退社していくことになり、ついには一攫千金《いっかくせんきん》を夢見る社員だけが居残るという事態に陥る。

このように、会社の事業活動は、しっかりした経営理念に基づいて行われている場合とそうでない場合とでは、その社会的価値において雲泥《うんでい》の差が生じる。まず自社の事業活動が、しっかりした経営理念に則《のっと》って遂行されているのかどうか、襟《えり》を正して見直してみることが大切だ。

目的は、人間がその最終の目的として求める幸福や人類が希求して止まぬ世界平和のように、際限なくわれわれの欲求を駆り立てる。それは行けども行けどもなお高くそびえる高嶺《たかね》の頂《いただき》のようだ。会社は、その経営目的に向かって、飽くことなく歩み続ける。

その会社の優劣を評価するクリテリア（価値判断の基準）は、その会社がしっかりした経営理念をもって事業活動を行っているかどうかということである。高い社会的評価を受けている会社は、その会社が高邁《こうまい》な経営理念を掲げ、その理念のもとに事業活動を進めているからこそ、そのような高い評価を受けるのである。

ドイツの哲学者イマヌエル・カント（一七二四－一八〇四）は、その著『純粋理性批判』の中で、「人間の認識はすべて直感をもって始まり、直感から概念に至り、理念をもって終わる」といい、さらに「われわれの一切の認識は、感性に始まって悟性に進み、ついに理性に終わる」と述べ、人間の認識の段階について明快な解答を与えている。(40)

自社の経営理念を確立し、守っていくためには、自社の経営戦略が直感レベルや概念レベルではなく、理念レベルで策定され、展開されていることが肝心だ。

創業の志を社是に掲げる

自社の経営目的を確立するためには、創業の志を社是に掲げて実践するのが最良の方法である。

会社は業種によって事業内容が異なるので、経営目的も自社の事業内容によって異なる。しかし、どの業種の会社も、会社は本来、「世の為、人の為」「世界の為、人類の為」という経営目的のために事業を行うのが正道であるから、すべての会社に基本的に共通の経営目的があると考えられる。

その共通の経営目的を自社の社是として定めるとすれば、社是の基本内容は、人材育成、顧客第一、社会貢献の三つの目的から成るのが道理であるといえる。

第一は人材育成である。

「わが社は人材をいちばん大切にしている会社である」という経営方針を全社員に宣言して、「事業は人なり」という経営理念を実践していくことが肝心だ。

会社は社員がいなければ成り立たない。つまり、会社は社員あっての会社であり、社員は会社経営の基本要素の一つである。したがって、会社の経営戦力の強弱は、その会社の社員の優劣にかかっている。自社の経営戦力は自社の人材力であるといっても過言ではない。

人材はそれほど会社にとって大切なものであるから、会社は自社の人材の育成、活用、戦力化をはかるべきである。経営者は会社を伸ばしていくために、まず「人材が育てば、会社は伸びる」という会社経営の要諦《ようてい》を玩味して、社員の人材育成に自らイニシアチブとリーダーシップを発揮すべきである。経営者の人材育成への熱意は、社員への何よりの励みとなるに違いない。


第二は顧客第一である。

会社は経営を安定させ、事業を発展させていくために、利益を獲得しなければならない。利益を獲得するためには、自社の製品やサービスを購買してくれる顧客を確保しなければならない。

そのためには、顧客のニーズを満たし、顧客に満足を与え続けていかなければならない。顧客満足を実現することによって顧客の増大をはかれば、より多くの利益がもたらされ、会社は発展し、繁栄する。

このように、会社存亡の鍵を握るのは、利益の源泉である顧客である。つまり、会社は顧客あっての会社なのである。

この真理は、経営者ばかりでなく、全社員が強く認識しておかなければならない重要な点であるから、「顧客第一主義を貫き、顧客満足を実現するのが、わが社の経営理念である」ということを周知徹底することが大切だ。

第三は、社会貢献である。

会社は社会を構成する一員として社会的責任を果たし、社会の安全や発展のために事業活動を通じて社会貢献しなければならない。そのためには全社をあげて社会貢献に取り組む姿勢を打ち出すことが肝心だ。

社是に社会貢献が自社の経営目的であることを掲げることによって、社員の社会的関心を高め、社会常識を広めることは、社員の人材育成に役立つ。自社の社会的評価を高めることによって市場を創造し、業界での優位な地歩を築くことができる。自社と社員の社会性を高めることが自社の発展の原動力となる。

このように、人材育成、顧客第一、社会貢献を自社の経営理念の基本内容として社是に掲げて実践していくのが、正攻法の経営である。社是はその会社の心を表わすものである。

（二）ＰＩイコールＣＩ戦略

自社独自のアイデンティティを明確に打ち出す

どの会社も、業種や、規模を問わず、社長の顔は即、会社の顔であるといっても差し支えない。社長はその会社を表象するシンボルであり、その会社の企業イメージをかたちづくる。社長に会えば、その会社がどんな会社かすぐ分かると世間でよくいわれているのは真理であるといっていい。

したがって、社長のアイデンティティと会社のアイデンティティは一致するのである。つまり、ＰＩ（プレジデント・アイデンティティ）イコールＣＩ（コーポレート・アイデンティティ）という公式が成り立つ。

自社のＣＩには、とくにトップ・マネジメントの経営哲学、経営姿勢、経営手腕《しゅわん》、品性、徳性などの品格が映し出される。企業は良かれ悪《あ》しかれ、「この親にして、この子あり」といわれるように、「この社長にして、この社員あり」といわれることを社長は常に自覚する必要がある。

　会社は自社を存続・発展させていくためにはまず、自社の存在と価値を社会に知らせ、認めさせなければならない。

　どの会社も、その会社独自の個性、長所、社風、伝統などの特性をもっている。ＣＩは、その会社本来の実体の統一的イメージであり、自社の社会に対する身分証明書のようなものである。会社を伸ばしていくためには、社会的に信頼され、評価され、受容されなければならない。自社の本来の姿を顧客や一般消費者に広く周知させ、正しく評価させ、顧客や一般消費者の自社に対する認知度、信頼度、受容度、忠実度、選好度をより高めることにより、市場占有率を増大させる企業戦略がＣＩである。

　このように、ＣＩ戦略は、自社のアイデンティティを明確に打ち出すことによって、自社のイメージを向上させ、競合企業との差別化をはかり、市場における競争の優位性を高め、自社独自の事業展開を進める経営総合戦略の一つである。

会社と社員の一体感が企業イメージを高める

会社の経営計画や事業計画のすべては、会社の最高責任者である社長の意思決定により実施される。社長の経営哲学や経営方針や経営者としての品格などプレジデント・アイデンティティに基づく魅力的なＣＩを打ち出しても、そのＣＩ戦略を駆使、展開していく社員（パーソネル）自身が魅力的でなければ、そのＣＩ戦略は効を奏しない。

プレジデント・アイデンティティがコーポレート・アイデンティティとイコール関係にあるように、こんどはプレジデント・アイデンティティがパーソネル・アイデンティティとイコール関係にならなければ、コーポレート・アイデンティティはうまくいかないということになる。

例えば、社長のアイデンティティが上品なイメージであっても、社員のアイデンティティが下品であれば、会社のアイデンティティはちぐはぐなものとなる。

このように、社長のＰＩと社員のＰＩの一致と調和は、ＣＩにとって極めて重要な戦略要因である。企業がＣＩ戦略を展開するときに、同時に進めなければいけないのは、社長のＰＩと社員のＰＩの一致と調和をはかることである。

社長ばかりでなく、すべての役員、管理職、一般社員が会社を背負っていることは、彼らの名刺に社名と氏名が併記されていることからも明らかである。社長も社員も自分の名前に自社の名前をつけてはじめて社長であり社員なのである。

社員の名刺が、会社と社員の一体感を表わしているように、その会社のＣＩとＰＩに一体感を打ち出せるような人材育成と組織改革を進めていくことがその会社のオリジナリティ（独自性）を生み出し、企業イメージを向上させＣＩを成功させる鍵である。ＰＩイコールＣＩという望ましい関係を築くための主なチェックポイントは次の通りである。

会社の創業の志、経営目的、経営方針が社員に正しく理解されていること
社長と役員が社員に尊敬、信頼されていること
社員が愛社精神をもっていること
社員が会社の事業、製品、サービスに自信と誇りをもっていること
社内の風儀と紀律が守られていること
経営道に則った社員教育、研修、訓練が実施されていること

社長のＰＩ＝社員のＰＩ＝会社のＣＩを実現するためには、社長と社員の心の一致が欠かせない。社長は常に「経営は心なり」という経営道の道義を実施し、社長と社員の心が通じ合う人事体制を築くことが大切だ。

（三）顧客第一主義を事業のスローガンに

「販売は心なり」のマーケティング活動を

会社は営利法人であるから当然、経営の安定と事業の発展のために利益を追求し、獲得し、蓄積していかなければならない。したがって、利益の獲得という利益目標は、会社にとって最重要・最優先の経営目標の一つである。利益の獲得のために大切なことが三つあると私は考える。

第一は、会社は「顧客あっての会社」というコンセプト（その事物に対する基本的な考え方）で事業に取り組むことである。会社が利益を上げるには、自社の商品やサービスを購買してくれる顧客を獲得しなければならない。顧客がいなければ、会社には利益がもたらされないので、会社経営は成り立たない。顧客が増えれば増えるほど、売り上げが増大し、より多くの利益がもたらされるので、会社は発展し、繁栄する。

このように、会社存亡の鍵を握るものは顧客である。つまり、「顧客あっての会社」「顧客あってのビジネス」ということになる。会社にとって何よりも大切なものは顧客なのである。したがって、会社はまず「顧客第一」を経営基本方針として、顧客第一主義を事業のスローガンに掲げて、社員に対して「わが社は顧客第一主義を貫き、顧客満足を達成するのが基本経営方針である」という経営姿勢を示し、社員が顧客に対して正しい心と感謝の念をもつよう顧客志向・意識の向上をはかるべきである。

また同時に、顧客に対して「わが社は、顧客をいちばん大切にしている会社である」というマニフェストを明示して、そのコミットメント（公約）を守るべきである。

このように、会社は顧客第一の事業戦略、とくにマーケティング戦略を策定、展開して、顧客の自社及び自社商品・サービスに対する選好度、忠実度、受容度、信頼度を高めることによって顧客との良好で持続する相互依存関係を築くことが、会社と顧客双方にとって大きなメリットとなる。

ここで会社に求められる最も重要なことは、会社は自社商品やサービスの正しい販売によって顧客満足を実現し、顧客に満足を与えた善行に対する報酬として適正利益を獲得するというビジネスの基本原則を企業倫理として遵守することである。

会社が顧客に満足を与えないで、顧客から利益を得るような販売は不当である。まして顧客に損害を与えて利益を得るような販売は不法行為で絶対に許されることではない。消費者被害などの不祥事は、会社が「経営は心なり」という企業倫理を喪失して、不当な販売方法を用いることによって生じるケースが多い。

会社は顧客を自社の利益獲得の目的のために手段化してはならない。販売手段を選ばない金儲けが販売の目的になると、顧客が被害を被《こうむ》ることになる。会社は経済社会を構成する一員として、顧客の安全、安心、向上に貢献する社会的責務を課せられていることを銘記しなければならない。会社は社会的責任を果たすために「経営は心なり」という経営道に則って、顧客に対しては「販売は心なり」という経営理念をもって正しい心で正しい販売を行うことが強く求められる。

販売目的は顧客満足の実現

第二は、時代や社会の変化とともに、顧客のニーズも刻々と変化していくので、企業は顧客の新たなニーズをいち早くとらえ、その新たなニーズを満たす新製品、新サービスを開発し、提供していく新規事業戦略を打ち出して行くことだ。それは企業と顧客の双方にとって最良の方法である。

そのためには、企業は常に顧客への細かな心配りをして、顧客の購買目的にマッチした販売戦略を策定・展開する必要がある。

顧客は、消費者とユーザーと流通業者の三種に分けられる。いま私が原稿を書くのに使用しているシャープペンシルは、私のポケットマネーで購買したもので、私用に使われているので「消費財」であり、私は「消費者」である。

私が会社で企画書を書くために使用しているシャープペンシルは、会社が購買したもので、業務用に使われているので、「生産財」であり、会社は「ユーザー」である。また文房具店が問屋からシャープペンシルを仕入れて商売のために販売すれば、それは「商品」で、文房具店は「流通業者」である。

このように、顧客の購買目的は、その種類によって異なるので、自社商品やサービスを顧客に販売するときには、その顧客の購買目的に合致した販売方法を取る必要がある。

消費者には「生活の向上」を、ユーザーには「利用価値の増大」を、そして流通業者には「利益の増大」を与えるのが、マーケティング戦略の狙いである。

消費者は、自分のより良い生活に資する商品やサービスを求める。自社のこの商品やサービスを購買すれば、この分だけ顧客の生活が良くなりますよ、と顧客に約束して、その約束を百パーセント果たすのが、顧客満足のマーケティング戦略である。

ユーザーは、購買した商品やサービスを経営管理、事業活動、業務処理等のために使用するので、自社の商品やサービスを購買すれば、この分だけ効率や生産性の向上、コストダウン、省力化等を実現できますよ、と顧客に約束して、成果を上げることができるように販売後も誠心誠意フォローアップすることが大切だ。

流通業者は、よりよく売れる商品やサービス、より多くの利益を生む商品やサービスを求めるので、自社のこの商品やサービスを仕入れれば、この分だけ利益の増大がはかれますよ、と顧客に約束して、顧客の事業がさらに発展するよう心を込めて協力することが肝心だ。

企業は、顧客に自社商品やサービスを販売するだけでなく、さらにその商品やサービスをどのように使えば、顧客の購買目的を達成できるのか、その正しい使用方法やノウハウを十分に教示することが大切だ。

第三は、「不」を取り除くマーケティング戦略を打ち出すことだ。自社の顧客が、自社の商品やサービスに完全に満足しているということは、実際にはごく稀なことである。したがって、企業は顧客満足を目指すためには、顧客が自社の商品やサービスに対して抱いている「不」を取り除くマーケティング戦略を打ち出す必要がある。

つまり、顧客が「不満」を抱いていれば、その「不」を取り除いて「不満」を「満足」に代えてあげることが「販売は心なり」のマーケティング戦略の狙いである。「不信」があれば「信頼」に、「不便」があれば「便利」に、「不足」があれば「充足」に、「不備」があれば「完備」に、不快があれば「快適」に、「不安」があれば「安心」にといった具合に「不」を取り除いて顧客満足の実現に努力すべきである。

顧客の商品やサービスに対する満足度は、レストランや美容院や映画館などは、購買時点または購買直後に推定できるが、他のほとんどの商品やサービスは、購買後ある一定の期間を経なければ計ることができないので、企業は販売後もフォローアップやアフターサービスやメンテナンス等のサービス活動を通じて、顧客情報を収集して顧客の「不満足度」を計り、もし、「不」を発見したら、顧客の身になって「不」を取り除くよう改善につとめるべきである。「販売は心なり」の実践が、マーケティング戦略の真髄である。

(四) 新風・清流化で「組織病」の根絶を

会社の命運を左右する十の「組織病」

経営者が常に留意しなければならない点は、会社という経営組織は、人間の身体と同じように病気にかかるということである。

経営組織は生きたシステムであるから有機性をもっている。経営組織はそれ自体、その有機的働きによって、生存機能をもっている。人間が血液の循環、新陳代謝、ホルモンのバランス等が悪化したり、ウイルスに感染したりすると病気になったり、老化したり、死亡するのと同じように、経営組織もコミュニケーションやチームワーク等の組織の機能に支障が生じると、それを除去しない限り、その成長機能を失い、組織全体が衰退し、崩壊してしまう。

人間に人間固有の病気が発生するように、経営組織にも組織固有の「組織病」が発生するので、組織を健全な状態に維持するためには、常に組織に新風を吹き込み、清流化をはかることによって、組織病にかからないよう組織の健康管理を徹底しなければならない。そこで、経営組織に発生する主な「組織病」を挙げておこう。

①人心の荒廃《こうはい》……「健全な精神は健全な身体に宿る」という格言を経営組織に当てはめると、「社員の健全な精神は健全な経営組織に宿る」ということになる。自社の経営組織が不健全な状態になれば、社員の精神も不健全なものとなる。また逆も真なりである。

どの会社でも、社員の心が荒廃すれば、経営組織は弱体化する。経営者は社員が心身ともに健康で楽しく仕事ができるように、身体の健康だけでなく、精神の健康（メンタルヘルス）の増進をはかるべきである。

②風紀の乱れ……一流の経営を貫くためには、品格を保持しなければならない。そのためには、経営組織の秩序が厳格に保たれていることが肝心だ。秩序を保つために社員の組織活動の基準となる紀律が弛《ゆる》んでいたり、社員間で礼節が守られなければ、社内の風紀が乱れ、柄の悪い会社に堕落する。品格を守るには、紀律と

礼儀を守る風習を培うことが大切だ。
③マンネリズム……考え方、やり方などが一定化して新鮮味を欠き、創意工夫や変革がなされないので旧態依然の状態で進歩がない。
④私物化……経営者が会社を私利私欲のために私物化すると、社員の会社への不信感や不満が高まり、社員のモラールの低下や離職率の増大をもたらす。また社員の公私混同は、組織の秩序を乱す。不祥事の多くは、経営者の会社の私物化によって起きている。
⑤派閥主義……学閥、閨閥《けいばつ》、門閥などの派閥は、人事面（昇格昇進、配置、処遇など）で不公平、不適切、差別、排他性を生み、社員間の一致を欠くようになり、組織戦力が低下する。
⑥情実人事……取り巻きや胡麻すりが抜擢《ばってき》されたり、依怙贔屓《えこひいき》で昇格昇進させたりすると、人事面で不公平や不平等を生み、実力派社員の戦意を喪失させ、将来の希望を挫《くじ》くので、マネジメントの脆弱化《ぜいじゃくか》を招く。
⑦独裁主義……トップにすべての権限が集中され、管理・監督職や社員に権限が委譲されずに責任だけをとらせているような独裁体制は、社員の自発性、創造性を

奪い、人材が育たなくなる。また、民主的な運営ができないので、組織が硬直化する。

⑧駄目駄目主義……トップが社員に対して、また上司が部下に対して相手の欠点や弱点、間違いや失敗だけを殊更《ことさら》に取り上げて、「あの人間は駄目な奴だ」と決めつけてしまうのは、有為の人材の芽を摘むようなものである。このようなタイプの社長や上司は、自分は完全に正しく、相手だけが間違っているという考え方をしているので、彼らの下で働く社員は、立派な素質や適性をもっていても成長する余地はない。
社員が「駄目だ」という社長や、部下が「駄目だ」という上司は、まず自分自身が「駄目だ」ということを自覚すべきである。社員や部下が間違っていれば、それを正して用いるのがトップ・マネジメントや上司の務めである。「駄目駄目」でいる限り、いつまでたっても駄目で、その会社では有能な社員は育たないし、まして活用、戦力化などは所詮《しょせん》、無理である。「悪しきは、これを正して用うべし」である。

⑨兼任……一人の人間が、自分の本務以外の他の職務を兼ねたり、またほかの職位

を兼ねる兼任は、経営組織の弱体化を招く。兼任は適材適所の配置、人材の登用、単位組織の強化の妨げとなる。

⑩ 諸悪の根源……その重大なポストに全く不適切な人物が、大幅なまたは絶対的な権限をもって就任している場合は、そのポストが重要であるだけに、多方面に悪影響を及ぼし、本来の機能が麻痺《まひ》してしまう。たった一人の人間のために、会社にとっては大きな損失となる。

経営組織は、人間で構成され、人間が管理・運営するので、当然、その組織を構成する人間の長所、短所、強点、弱点が、そのままその組織の特性、特質となってその組織に反映される。したがって、組織をより良い組織にするためには、それを構成する人間の質的向上をはかる以外にはない。人材の育成・活用・戦力化は即、組織戦力の強化につながる。

このように、組織は常にその意識と慣行を刷新していけば、組織病にかからずに健康体で居続けることができる。

社内に新風を吹き込み、組織の澱《よど》みを清流化して、組織改革を断行すれば、新たな戦略を存分に駆使・展開することができる。組織の定期健康診断を怠ってはならない。

以上、十の「組織病」を挙げたが、これらはすべて、心の問題である。

「経営は心なり」と記した額を職場に掲げよう

社員の心をいつも健全に保つ良い方法の一つとして、各職場の壁に「額」を掲げて、暗黙の中に社員たち一人ひとりに呼びかけることである。

私は、自分の成功体験から、この方法を私のコンサルティングのクライアント会社に推奨して大きな成果を上げている。

何十年も経たいまでもなお、「強く、正しく、明るく」という言葉は、折に触れて思い出し、自分の励みとなっている。この言葉は、私が通った大連向陽小学校の校是で、一年生から六年生までの全学級の教室の前面の壁に額で掲げられていたものである。

それで私は小学校時代には毎日教室でこの額の言葉を好むと好まざるとにかかわらず見ていたことになる。いま思えば、この言葉は私の幼少時代の胸の中にじわじわと染み込んで私の精神形成に大きな役割を演じたのではないかと思う。

また私が二十代に勤めていたＩＢＭという会社では、全社員の机の上に〝ＴＨＩＮＫ〟という一語が記されていたプレートが置かれていた。不思議なもので、毎日このプレートを見ているうちに「考える」習慣が身につき、頭をよく働かせるようになった。

このように、人間は自分の成長を促したり、人格を陶冶《とうや》したり、夢を求めたりしていくためには、何かためになるいい言葉を常に視界の中に置いておけば、その言葉が絶えず自分に語りかけ、心の中で生きてくることは間違いない。

そこで、私は、「経営は心なり」と記した額とプレートを企業が社長室、会議室、応接室、各職場などに掲げるよう推奨・普及に努めている。この額やプレートが毎日、全社員の目に留まることによって、社員の胸に「経営は心なり」という企業家精神が芽生え、社内に心の一致が生まれ、自ずと経営道が実践されるようになる。「経営は心なり」を額にして掲げ、社員各自が経営道の道義を守り行えば、このような「組織病」にかかることはない。

二　「経営は心なり」を徹底する人材育成戦略

（一）品性を磨く徳育研修

感性と知性の調和が品性を高める

二十一世紀日本は、世界から国家の品格と国民の品性が問われる。したがって、二十一世紀日本企業は、会社の品格と経営者の品性が問われる。そこで、経営者は何よりも第一に品性高潔であることが求められる。

P・F・ドラッカーは、「明日の経営者を育成するためには、さまざまな要素が組み合わされなければならないが、その中で最も重要な要素は、一般教養を与えることでもないし、高度の専門的知識を授けることでもない。すべてのものの眼目となるものは、あくまで高潔な品性である」と述べ、経営者はまず品性高潔な人物でなければならないことを強調している。(41)

戦後の日本における教育は、学校においては知能・知識を高めるための「知育」と身体の発育を促し、健康な生活を営む身体を作るための「体育」が行われ、道徳心を培う「徳育」はほとんど行われていない。

企業においては「知育」と技術の向上をはかるための「技育」（私の造語）が行われているが、「体育」と「徳育」はほとんど行われていないのが実態だ。

このように、戦後の日本においては、学校でも企業でも、「徳育」が疎《おろそ》かにされてきたために、日本人の多くは「徳性」を涵養することを怠ってきた。その結果、戦後の経済的繁栄の中で、「衣食足りて礼節を失う」ような心の貧相を露呈《ろてい》した日本人が増えている（「衣食足りて礼節を知る」は中国古代の政治家・管仲《かんちゅう》の著『管子』から）。

その会社が立派な会社であるかどうかは、その経営者と社員の品性の高低にかかっている。社員の人品を磨くことは、人材育成の最優先課題である。

人間は三つの根本的な本性、つまり感性、知性、品性をもっている。感性はもっとも先天的で本然的な本性である。刻々と変化する時代、社会、市場、顧客の種々さまざまな諸現象を機敏に感じ取る社員の感性は、会社のレーダーである。社員の感性がとぎすまされればされるほど、顧客のニーズをより敏速に、より正確にとらえることができる。

知性はより後天的な本性であり、教育すればしただけの進歩がみられる。社員一人ひとりの頭の良さの種類を見出して磨きをかければ、社員の知的水準は高まるはずである。知性は、感性が感じ取ってきた諸現象の本質を論理的に究明する力をもっている。社員の知性が高まれば高まるほど、顧客のニーズをより敏速に、より的確に満たしていくより有効な戦略を編み出す知恵が出てくる。

ところで、その人物の感性が洗練され、いくら情操が豊かであっても、知性が乏しければ、その人の品性は輝かない。また逆に、その人物の知性が磨かれ、いくら学識が高くても、感性が殺伐《さつばつ》としていれば、その人の品性は輝かない。このように、その人物の感性と知性を足して二で割ったものが、その人の品性ということになる。つまり、「品性＝（感性＋知性）÷２」という式が成り立つ。その人物の品性は、その人物の感性と知性の調和の度合いを示すものである。したがって、品性を高めるには、つまり人品を磨き上げるには、感性と知性を同時に磨かなければならない。経営者はまず自らの品位を高め、さらに自社の品格を高める責務を担っている。

前述したように、日本企業では、社員に専門知識や技法を習得させ、知性を高める研修に重点をおいているが、情操を育み、心を豊かにして感性を高める研修は蔑《ないがし》ろにされ、ほとんど実施されていないのが実態だ。その結果、多くの日本企業では、頭が大きくて、心が小さい経営者や社員が増えている。これでは偉大なリーダーは生まれない。

これからの新しいグローバル時代では、頭がいいだけではなく、豊かな広い心をもつ人材でなければ、世界をリードするビジネス・リーダーにはなれない。

二十一世紀日本企業は、社員の品性を高めるために、知性プラス感性の社員教育、研修プログラムの編成が求められる。

経営者に求められる高い徳性

さらに経営者は、品性を磨くだけでなく、高い徳性を涵養しなければならない。経営道は、道義の実践であるが、道義の中核を成すものは徳性である。

経営者は経営道を実践するためには、社員の徳性を高める徳育教育を実施する必要がある。そのためには、経営者自身が高徳の人でなければ、社員に範を示すことはできない。知識や技術の向上をはかる知育や、身体強健をはかる体育では、指導者はその分野の高度な知識や技法を身につけてさえいれば、高い徳を身につけていなくても、なんとか指導できる。

しかし、徳性を高め、人格を陶冶する徳育では、指導者は、高度な知識や技法をもっていても、高い徳性を身につけた人格者でなければ、指導することはできない。なぜなら、徳育においては、指導者は指導を受ける者たちから人格者として尊敬されていなければ、指導できないからである。

徳育においては、師は優れた人格で生徒を教化し、徳性を高め、立派に育て上げていく指導法をとる。このようにして、生徒は師の薫陶《くんとう》を受けて徳性を高め、立派な人格者として成長していく。

社員たちが素直な気持ちで社長を師と仰ぎ、社長の薫陶を受けて高徳な人に育てば、その会社は立派な人材に恵まれ、品格のある会社として高い社会的評価を受け、さらに発展していくことは間違いない。

戦後の日本では、若い人たちが人格者である立派な先達に直接、接して、薫陶を受けるという人間形成の機会が少なくなっている。このことが、日本の各分野での有為の人材不足の原因の一つである。これから日本企業は、先輩社員と後輩社員の人格を通じた心の交流の機会と場を増やしていくことが大切だ。

人は品性に徳性が加わり、人格が形成される。その人の人品は、品性と徳性の和で計られる。会社を品格ある会社にするためには、経営者のみならず社員の品性と徳性を高める徳育が非常に大切だ。

(二) 品格ある社風を創る紀律訓練

紀律は最強の経営戦力

私は日本企業の強さは、その紀律の正しさにあると確信している。社員が高い紀律をもてばもつほど、その会社はいっそう強くなる。会社の紀律とはその会社の経営組織の秩序を保つための社員の行為の紀律となる決まりであり、その決まりを守る気合の入った凛々《りり》しい行動のことである。

高い紀律は会社の品格を高め、低い紀律は会社の風紀を乱し、品格を貶める。したがって、自社の品格ある社風を創るには、社員の紀律を高めなければならない。会社は通常、自社の社規社則を定めて、社員がそれらを遵守するよう指示しているが、それだけでは、社員の紀律と会社の品格を高めることはできない。

紀律の高低は、心のもちようで決まる。愛国心、愛社精神、志操、使命感など高い精神性をもつ人や、信義、礼儀、節義など高い徳性をもつ人は、それをもたない人より遥かに高い紀律をもつことは自明である。

「経営は心なり」という経営道を守り行うには、高い紀律が求められる。社員の紀律を高め、品格ある社風を創るために、第三章で述べた「経営道七則」を守り行い、経営道に基づく経営姿勢を貫くことが肝心だ。

すべての現存する組織の中でいちばん高い規律が求められ、保持されている組織は軍隊組織である。それは、軍隊は軍隊の紀律と風紀を定めた「軍紀」に則って、全将兵が軍紀に服従することを決まりとしているからだ。そこで先ず、参考のために軍紀を見てみよう。

昭和十三（一九三八）年九月二十九日に制定・施行された「作戦要務令」の綱領第一では「軍の主とするところは戦闘なり」とし、第二では「訓練精到にして必勝の信念堅く軍紀至厳にして攻撃精神充溢《じゅういつ》せる軍隊は能く物質的威力を凌駕《りょうが》して戦捷《せんしょう》を完うし得るものとす」とし、第四では「軍紀は軍隊の命脈なり……軍紀の要素は服従に在り」として、全軍の将兵が身体を国に捧げるために軍紀に服従し、その命令を確守することを定めている。

このように、軍隊は全将兵が絶対服従すべき厳正な軍紀が定められているので、清廉潔白な風紀が守られている。また「戦陣訓」の本訓第三軍紀では、「軍紀は我が軍人精神の精華なり」として、軍紀による全将兵の軍人精神の昂揚《こうよう》をはかっている。軍隊組織の軍紀が示すように、組織は厳しい紀律とこれを守り行う強靭《きょうじん》な精神力が一致したところで最強の力を発揮する。(42)

旧海軍兵学校では、生徒たちは、昭和七(一九三二)年当校校長松下元《まつしたはじめ》少将が考案した「五省」を唱和していた。五省は、生徒たちの一日の行動を自省自戒するための訓戒の言葉で次の五項目から成っている。

一、「至誠に悖《もと》るなかりしか」(真心に反することはなかったか)
一、「言行に恥ずるなかりしか」(言葉と行いに恥ずかしいところはなかったか)
一、「気力に欠くるなかりしか」(気力がかけてはいなかったか)
一、「努力に憾《うら》みなかりしか」(努力不足ではなかったか)
一、「不精に亘るなかりしか」(不精になってはいなかったか)

現在、広島の江田島にある海上自衛隊幹部候補生学校と海上自衛隊第一術科学校の生徒たちは、毎晩自習終了時刻の五分前に、五省を唱和し、旧海軍兵学校の伝統を継承し、紀律と風紀を固く守っている。この五省は、企業経営者や社員にとっても日々の自省のために見習うべきものがある。

企業は軍隊とは異なり社員たちが国を守るために身体を国に捧げることは求められていないので、軍隊のように至厳の紀律を定めて絶対服従させる必要はないが、企業が品格ある社風を創るためには、それなりに厳正な紀律を定め、社員たちがそれを守り行うための企業家精神――経営道の精神の昂揚をはかることは大切だ。軍人が軍人精神で軍隊の紀律を守るように、企業人は企業家精神で企業の紀律を守るべきだ。

軍隊は戦闘に勝たなければならないが、企業は競争に勝たなければならない。競争に打ち勝つためには高い紀律が求められる。

私は長い年月に亘る経営コンサルティング活動を通じて、実に多くの異なる業界の大・中・小企業の盛衰を見てきた。そしてその体験から明言できることは、高い紀律を保持している企業は発展し、紀律を失った企業は衰退していくということである。

紀律は正に、競争力の根源である。

日本企業の強さは紀律正しさにある

このことは日本の企業と海外の企業を紀律を尺度にして国際比較すれば分かることである。

私は三十代後半の数年間、ビジネスで毎年五、六回渡米しGE、GM、コダック、ウェスチングハウス、モンサント、ホリデーイン等、とくに多国籍企業の視察、取材を行った。私はフォードやクライスラー等の自動車メーカーの工場見学をしたときに、薄汚い工場で、工員たちがダラダラとけだるそうに作業している紀律のない仕事ぶりを見て、「アメリカはすでに負けている、やがて日本のトヨタや日産の自動車メーカーがアメリカの自動車メーカーを必ず追い越す日が来ることは間違いない」と予測した。

私はそれ以前にトヨタや日産の工場見学で、ちり一つない清潔で整然とした工場で、工員たちが元気溌剌《はつらつ》とキビキビと作業している紀律正しい仕事振りを見ていたので、日本の自動車メーカーとアメリカのそれとの違いがよく分かったのである。

紀律は、工場の一現場だけでなく、会社の全職場にわたるものである。紀律はその会社の経営戦力の要であり、事業発展の勢いとなる。日本企業が、ますます激化する国際競争に打ち勝っていくためには、強固な紀律を保持し続けることが肝心だ。

敗戦直後の日本を再建した企業経営者や社員たちは、戦前・戦中、家庭での躾《しつけ》や、中学校での紀律訓練や軍隊での教練を通じて高い紀律を身につけていたので、敗戦直後の日本企業は、貧困の中でも高い紀律と品位ある風紀を保っていた。しかし、日本が経済大国となった頃から戦前・戦中派の経営者や社員たちが現役を退き、その後を継いだ戦後世代の経営者や社員たちは、戦後教育の中で高い紀律は身につけていないがために、その結果、かつて世界から賞賛されていた日本企業の紀律正しさと品位ある風紀は年々失われつつあるのが実態だ。

吉田松陰は、叔父の玉木文之進の依頼によって、玉木の子・彦助の元服に際して、和歌「今日よりぞ幼な心を打ち捨てて人の成りにし道を歩めかし」の一首を贈った。私は成人してこれから企業人として活躍する日本の青年男女たちに、松陰のこの和歌を贈り、紀律の大切さを自覚してもらいたい。

日本が再び世界に輝くためには、われわれ日本人は、来日した外国人たちが日本企業の紀律・風紀を見て、「日本はすでに負けている」「日本は外国に追い越されるだろう」と思わせないようもっと気合を入れて、日本企業の伝統である厳正な紀律と高潔な風紀を取り戻さなければならない。

（三）大和心を培う情操教育

自然美を守る大和心が日本を世界に輝かせる

私は外地で生まれ育ち、成人してから公私ともども海外との関わりが多く、異民族の人たちとの交流が多かったせいで、日本と外国とを比較する癖がついている。海外にいるときはいつも、国内にいるときよりもいっそう自分は日本人であるという強い意識をもって外国人たちと接するのが習慣となっている。

日本を他の国々や民族と国際比較してみると、日本には日本独自の歴史、伝統、文化があるように、どの国もどの民族もそれなりに独自の歴史、伝統、文化をもっていることがよく分かる。

私が日本を国際比較してつくづく実感することは、日本は本当に「清く、美しい国」であるということである。日本は美しい自然に恵まれていることと、日本人は清い心をもっていること、この二つの特質が日本という国を表象していることは明白である。

日本が清く、美しい国であり続けるには、われわれ日本人が日本を守り、日本を誇りに思い、日本の歴史、伝統、文化を継承し、創造していくという日本を愛する心である「大和心」をしっかりともつことが大切だ。われわれ日本人が大和心をもち続ける限り、「日本は世界に光り輝く国であり、その歴史は悠久である」という吉田松陰の言葉は真実であり続ける。

安倍晋三氏は、その著『美しい国へ』の中で、次のように述べている。

「わたしたちの国日本は、美しい自然に恵まれた、長い歴史と独自の文化をもつ国だ。そして、まだまだ大いなる可能性を秘めている。この可能性を引き出すことができるのは、わたしたちの勇気と英知と努力だと思う。日本人であることを卑下するより、誇りに思い、未来を切り拓くために汗を流すべきではないだろうか。日本の欠点を語ることに生きがいを求めるのではなく、日本の明日のために何をなすべきかを語り合おうではないか」(43)

日本が「美しい国」であることを日本国民自身が誇りに思い、日本の美しさを世界に示すことによって、日本が国際社会に尊敬され、信頼され、受容されてはじめて、日本は世界の中でリーダーシップを発揮することができる。

「美しい国」を建設するためには、まず第一に、日本人自身が「美しい国民」にならなければ実現できない。日本を「美しい国」にすることができるかどうかは、ひとえに日本人が「美しい国民」になれるかどうかにかかっている。「美しい日本」は「美しい日本人」によって築き上げる以外にないのである。したがって、「美しい日本」を建設するためには、「美しい日本人」を育成する教育が日本にとって最優先課題となる。

二十一世紀グローバル時代では、すべての国と民族が、互いに異なる歴史、伝統、文化を尊重し合うことが、世界平和を達成する根本姿勢でなければならない。諸外国から日本を見て、「日本は一体どんな国なのかさっぱり分からない」という評価を受けないよう、「日本は清く、美しい国だ」という日本の真の姿をはっきりと示していくことが、日本の世界におけるプレゼンス（存在価値）を高めることになる。

二十一世紀日本企業は、ますます激化する国際競争に打ち勝つためには、日本の良さを武器として世界市場を開発・創造する以外にはない。日本の良さは、日本を清く、美しい国に築き上げてきた「大和心」である。したがって、日本企業は「大和心」を培う情操教育を実施して、大和心をもつ社員の育成にいっそう力を入れるべきである。日本企業経営者と社員は、真に美しい日本人であるべきだ。真に美しい日本人とは、日本人としての自覚と誇りをもち、日本を愛し、日本の歴史、伝統、文化を継承し、創造し、日本の自然美を守り抜いていく「大和心」をもつ日本人である。

日本は東経百三十～百五十度、北緯二十五～四十五度にあり、ユーラシア大陸の東端に位置し、弧状に連なる北海道、本州、四国、九州、沖縄本島と人が住む四百以上の島々から成る四方海に囲まれた海洋国である。われわれ日本人は春夏秋冬の暖暑涼寒の美しい季節の変化の中に生きており、衣食住は四季こもごもの美しい自然の変化に適応するようきめ細かく工夫された繊細な日本独自の文化から生み出されたものである。日本人の心は日本の自然美を大切にする清い心である。日本人の清らかさや美しさは、日本の自然美を尊ぶ心の表れである。

日本企業が世界に再び輝くためには、社員が日本の自然美を守るよう大和心を培う情操教育を徹底する必要がある。大和心をもてば、日本の自然美だけでなく、地球の自然美も守ろうとするより広い心が生まれてくる。

和の精神こそが「大和心」

また日本人は、公私ともども、「和」の精神をもって生きることが人の道であるという生活信条をもっている。日本人は「和」を求め、「和」を守る心をもつ民族である。この「和」の精神こそ、日本の心、つまり「大和心」である。

いまから千四百年以上も前の飛鳥時代の六〇四（推古十二）年、聖徳太子（五七四－六二二）は「憲法十七条」を制定した。

その第一条は、「一に曰く、和を以って貴しとなし、忤《さから》うこと無きを宗《むね》とせよ。人はみな党あり、また達れるもの少なし。ここをもって、あるいは君父に順わず、また隣里に違う。しかれども、上和ぎ下睦びて、事を論うに諧うときは、すなはち事理おのずから通ず。何事が成らざらん」

〔現代語訳〕和を最も大切なものとし、争わないようにしなければなりません。人は仲間を集め群れをつくりたがり、人格者は少ない。だから君主や父親にしたがわなかったり、近隣の人ともうまくいかない。しかし、上の者が和やかで下の者も素直なら

ば、議論で対立することはあっても、おのずから道理にかない調和する。そんな世の中になると何事も成就するものだ。(44)

この「和を以って貴しとなす」という言葉は、その後の日本の長い歴史の流れの中ですべての日本人の心に刻み込まれ、日本人は「和」を最も大切にする民族となった。「和」こそ、日本人の心、「大和心」である。

私が二十代に勤めていた日本ＩＢＭで文書課に所属していたとき、当社が発行していた月刊広報誌の英訳を担当した。その号の表紙一面に筆墨の「和」という一文字だけが記されていた。

私はその「和」という日本語を英訳しなければならなかったが、この「和」という日本語にぴったり当てはまる英語が思い出せずに辞書を引くと、ピース、ハーモニー、リコンシリエーションという英単語が並んでいたが、これらの英単語では、この「和」の真髄を言い表す事ができないので弱り果ててしまった。

この表紙の「和」は、新任の鈴木信治社長が揮毫《きごう》したものだが、社長就任の固い決意の表明であり、全社員に向けての熱い呼びかけであった。鈴木社長は、これから自分は「和」の精神で会社経営に当たっていくので、全社員も「和」の精神で心一つにしてともに頑張っていこうという志を「和」の一語に込めて、広報誌の表紙に「和」という一文字を掲載したのだった。

この「和」という言葉は、日本の心を一語で言い尽くした言葉なので、一つの英単語で言い表すことのできない深長な意味合いを含んでいる。日本ＩＢＭの日本人社員は、この「和」という一語だけで、鈴木社長の心のうちを読み取ることができる。社長の訓示は、「和」という一語で言い尽くされており、説明も要らない。それは、「和」という一語が、大和心の真髄であり、日本人の心の中に深く刻み込まれ、生活の指針となっているからである。

「和」をピースやハーモニーと英訳して、ニューヨークの本社に送っても、鈴木社長の和をもって臨む経営理念と姿勢は、米国人に伝わるはずがない。そこで、「和」は英訳せずに「ＷＡ」としたまま、「和」の本来の意味を解説してニューヨーク本社に送ることになった。その後、この解説文を読んだニューヨーク本社では、日本ＩＢＭ社の経営理念と日本の心の奥ゆかしさに感嘆し、日本人への理解を深めたそうだということを聞いて、私は大和心の素晴らしさを誇りに思ったことを覚えている。

日本という国は、社長の就任挨拶の真意が、「和」の一語で全社員の心に伝わる国なのだ。それは、すべての社員が「和」の心の絆で結ばれているからだ。

日本企業経営者と社員たちは、世界の国々で「和をもって貴しとなす」という大和心を行動で示していくことが、国際ビジネスを成功させる原動力となる。

大和心を育む情操教育は、日本企業にとってグローバル時代に欠かせない根本的な社員教育である。日本企業経営者と社員は、「和」の精神をもって海外現地の人々と接することによって、日本が平和愛好国であることを世界に知らしめる使命を担っている。

(四) 部下は育てて、活かすべし

部下の育成は上司の重要な職務

部下の育成・活用は、管理職である上司の重要な職務の一つである。部下が伸びるか伸びないかは、上司が部下の育成に熱心であるかどうかに大いにかかっているが、そのポイントは四つある。

第一は、上司には二つのタイプがあるということ。一つは、部下の育成に熱心な上司であり、もう一方は部下の育成に不熱心な上司である。部下を育てる上司の下につくのと、部下を育てない上司の下につくのとでは、部下の成長に大きな差が生じてくる。とくに新入社員や中堅社員のような若い世代の人たちの成長にとっては、上司の部下の育成に対する姿勢は大きな意味をもつ。

当然のことながら、部下を育てる上司の下で働けば、その部下はぐんぐん伸び、部下を育てない上司の下で働けば、伸びる部下でも伸びなくなってしまう。

部下の育成に熱心な上司は、「経営は心なり」という経営哲学を信条としているので、部下に対して部下を育てたいという温かい心をもっている人であり、人材が会社発展の原動力であることを熟知して、人材育成に力を入れているのだ。このような心ある上司は、人材育成はマネジメントの仕事の一つであるということを認識しているので、人材育成を自分の使命としているのである。

第二は、部下の育成に熱心な上司は、部下に思い切りチャレンジできる機会と場を与えるということ。上司は部下のポテンシャル（潜在能力）を引き出し、活用し、戦力化するために、部下に権限を委譲し、責任をもたせて思い切りチャレンジできる新しい機会と場を与えることが肝心だ。

そのためには、まず部下の適性が活かされる場に部下を配置することが大切だ。人間には自分が育つ場と育たない場がある。植物の種がその植物に合わない土壌《どじょう》に蒔かれると芽を出さないように、人間は自分の適性に合わない職場に置かれると資質や能力を十分に発揮することができない。

また、部下が思い切り活動できるような活動の場を広げてやることも大切だ。人間は有限の中に拘束《こうそく》されるよりも無限の中に開放されるほうがのびのびと仕事をするものである。部下は小さな器の中に閉じ込められると、いつまでたってもメダカのままで成長が止ってしまう。メダカからフナ、フナからコイ、そしてマグロからクジラへと大きく成長させるためには、器のスケールも金魚鉢からバケツ、バケツからプール、そして池から海へと活動の場を広げてやることが大切だ。

さらに部下を思い切り仕事にチャレンジさせるためには、一段、二段と徐々にレベルの高い仕事に取り組めるような機会を与えていく必要がある。いままでやってきた仕事より難しい仕事や、いまの仕事よりも高度な知識や技術を要する仕事にチャレンジする機会を与えて、部下のレベルアップをはかることも大切だ。そのためには部下の能力開発に役立つ社内研修プログラムに参加する機会を与えたり、自己啓発プランを立てさせて側面から支援していくことも必要である。また、部下が失敗を恐れないで思い切りチャレンジできるよう、浮き袋はつけさせないで荒波にほうり込んで自力で泳がせることも大切だ。溺《おぼ》れて死にそうになったときには、上司が助けてやればいい。やらせるなら思い切りやらせてみるのが一番成果が上がる。部下はポテンシャルへのチャレンジによって育っていく。

第三は、上司は部下が上司に対してどうあるべきかを正しく理解させるということ。上司は、部下に教えたことを行動で、部下は上司に教わったことを成果で示さなければならない。

実践と実績が伴わない仕事は仕事ではない。上司は、部下に口頭で教えたことは即、率先垂範して行動で範を示さなければならない。上司は、このように行動すれば、このような成果を上げることができるということを、部下に具体的に示す必要がある。

上司はまず、その仕事の原理原則を理論的に説明し、次はその理論を実務に応用するよう、実践的に指導することが肝心だ。理論的に裏付けられた実務は、正確で効率的であるからだ。

部下は、上司から教わったことを単に知識や技術の習得にとどめず即、実践に移して成果を上げなければならない。成果は、実践を通じて上げる以外にはないからである。

上司の仕事は、すべての部下に所期の成果を上げさせることである。上司の実績は、部下が上げてくれた成果の総和である。上司が行動で教えること、そして部下が成果で示すことほど事業活動で大切なことはない。

この際、上司に求められる心は、寛容の心であり、部下に求められる心は素直な心である。互いの心は、行動とその成果を通じて通い合うものなのだ。

上司に育てられた部下は、部下を育てる上司になる

第四は、上司に育てられて成長していった部下は、自分を育ててくれた上司に自ずと感謝、敬意、恩義、忠誠などの献身の心を抱くようになるということ。そして自分が部下をもつようになったときには、自分が上司から受けた愛情や期待を今度は自分の部下たちに注ぎたいと思うはずである。

このように、上司に育てられた部下は、自分が上司となったときに部下の育成に熱

心に取り組むようになり、将来、部下を立派に育成できる上司となれるように部下を育て上げるものである。

人材を育成する上司が沢山いる会社は、人材が育つ会社となり、繁栄の歩みを続けることができる。いま立派な業績を上げ、リーダーシップを発揮している管理職は、自分が育てた部下たちによってしっかり支えられているから、立派な業績を上げ、リーダーシップを発揮することができるのだ。上司は部下を心で育てなければならない。上司は部下の鑑であれ！

三　「経営は心なり」の心が通い合う組織改革戦略

（一）心を動かすマネジメント・リーダーシップの四つの力

経営目標に向けて社員の統合化を

会社の経営組織は、複数の単位組織から成っており、各単位組織（部・課等）はそれぞれ達成目標を与えられている。そこで単位組織のマネジメント・リーダー（部長・課長等）は、部下を統括して目標を達成するためにマネジメント・リーダーシップを発揮しなければならない。

したがって、リーダーシップは組織リーダーに求められる重要な資質・能力となる。マネジメント・リーダーシップとは、所期の共通目標を達成するために、単位組織の構成メンバー（部下）を最も効率的に協同させる統括・指導力である。

そこで、上司である組織リーダーは、マネジメント・リーダーシップを発揮するためには、リーダーとして四つの力、つまり、人に与える力、人を動かす力、人を包む力、人を育てる力を兼ね備えていなければならない。

第一は、部下に「与える力」である。

リーダーは、部下が職務遂行に必要とする有形・無形のものを与えなければならない。例えば、部下が職務遂行に必要な知識や技術や情報や用具が欠けていれば、知識や技術や情報や用具を与え、悲観的であれば希望を与え、落ち込んでいれば勇気を与え、だらだらしていれば紀律を与えなければならない。

したがって、リーダーは常に新しい知識・技術を習得し、最新情報を収集し、新たな戦略、戦術を練り、新機軸を打ち出していくことが肝心だ。

人に与えるのが喜びであるという大らかな心と鷹揚《おうよう》な態度が、リーダーの器を大きくする。心を人に与えるのがリーダーシップである。

第二は、部下を「動かす力」である。

リーダーは、部下に達成目標を明示してよく理解・納得させ、その目標に向けて正しく方向づけ、志気を鼓舞して動機づけ、部下を総動員し、目標に向けて邁進するよう陣頭指揮しなければならない。さらに、目標達成のための戦略・戦術を最も効果的に駆使・展開するよう指導しなければならない。

人間がある特定の目標に向かって進むときには、頭と心と身体の三つの機能を働かせることが必要である。そこで、リーダーは部下を動かす場合、この三つの要素がそれぞれバランスを保ちながら最高の機能を発揮するよう仕向けていく必要がある。

まず部下の頭を働かせるには、感情的にではなく、論理的に説得して十分に理解・納得させるコミュニケーションが必要である。

次に部下の心を動かすには、思い遣り、部下を育て守ろうとする大きな愛情、忍耐と寛容さ、確固たる信念、燃える情熱、愛社精神などリーダーが自ら行動で示し、共感、感銘、感動させることが必要である。

さらに部下の身体を動かすには、紀律を守らせ、リーダー自ら紀律正しい気合いの入った、凛々しく責任ある行動を示すべきである。リーダーは自ら陣頭指揮して采配《さいはい》をふるい、勇猛果敢に目標に向かって堂々と邁進しなければならない。このように、優れたリーダーには、動員力、機動力、行動力が求められる。人の心を動かすのがリーダーシップである。

リーダーに求められる高い次元と広い度量

第三は、部下を「包む力」である。

リーダーは、人を包む大きな包容力が求められる。部下から上司を見たとき、上司があたかも安全地帯であるかのように感じられることが望ましい。

リーダーは、部下を守る城の器でなければならない。このリーダーについてさえいれば、自分はいつも大きく包まれ、強く支えられ、守られているようだと部下が安心できれば部下もやる気が湧いてくる。

部下を包むには、少なくとも二つの条件が満たされる必要がある。一つは、リーダーのほうが部下より次元が高いこと、二つは、リーダーのほうが部下より度量が大きいことである。

リーダーは、職務経験や見識や教養などの次元において部下よりも高く、寛容の精神、忍耐力、責任感、愛情などの人間的度量において部下より大きくなければならない。

職場の人間関係で、自分が中傷されたり、妨害されたり、口喧嘩をしかけられたりした場合には、相手の人と同じ次元でやりあっていると泥仕合になるだけである。このような場合には、自分のほうから次元を一段と高めて衝突を避け、心を広くして大きな度量を示すのが賢明だ。例えば、相手が自分の悪口をいっていれば、逆に相手の長所を褒め、相手が意地悪をすれば、逆に誠意を尽くして親切にしてあげればいい。

最終的には、より次元の高い、より度量の大きい人物が、組織のリーダーとなっていくものである。自分より次元が高く、度量が大きい人に喧嘩を売っても、猫が虎に向かうように勝ち目はない。常に精神的・人間的優位を保つことが大切だ。最後に勝負を決めるのは、次元の高さと度量の大きさであることをリーダーは銘記すべきである。大きな心で人を包むのがリーダーシップである。

第四は、部下を「育てる力」である。

部下を育てる気持ちや能力に欠ける上司の下に配属された社員ほど、不運な社員はいない。有能な上司とは、部下の育成をはかりながら部下を活用・戦力化していくリーダーである。

部下を育てるか育てないかという問題は、一言でいえば、愛情の問題である。上司の部下に対する愛情が深ければ深いほど、大きければ大きいほど、部下は立派に育つが、愛情が浅ければ浅いほど、小さければ小さいほど、部下は粗末に育つ。

管理職の昇進昇格の判定基準に「部下の育成力」を加えるべきである。有為な人材が育つ会社は、部下を育てるリーダーに恵まれている会社である。愛情で人を育てるのがリーダーシップである。

このように組織リーダーである上司は、部下に与え、部下を動かし、部下を包み、部下を育てる心と実力と人格をもつことが求められる。

二十一世紀日本企業に最も求められているものは、強力なマネジメント・リーダーシップを発揮する組織リーダーである。経営者と管理職は、「リーダーシップは心なり」をモットーに、心ある組織リーダーの育成に力を入れるべきである。

（二）心が伝わるコミュニケーション

三つのコミュニケーション・コース

どの会社も社内でいろいろな問題を抱えているが、私がこれまで多くの企業に対する経営コンサルティングと社員研修を通じて見てきた社内問題の中で、ほとんどの会社が一番頭を抱えている問題は、「どうも社内コミュニケーションがうまくいっていない」という問題である。

コミュニケーションは通常、発信者と受信者の間で行われる。発信者は受信者に情報（メッセージ）を送るが、その情報が受信者にどこまで深く到達するかによって次の三つのコミュニケーション・コースが生じる。

第一のコースは、発信者が伝達する情報が受信者の耳・目までしか到達しないコース、第二のコースは、それが受信者の脳まで到達するコース、そして第三のコースは、それが受信者の心の中にまで到達するコースである。

同じコミュニケーションでも、情報の到達点（ターミナル）が、耳・目と脳と心とでは、受信者へのインパクト（その情報が受信者の心情、思考、行動に良い変化を起させる影響力）に大きな差が生じる。

例えば、上司が部下に仕事の指示を与える場合、第一のコースの耳・目で受けるコミュニケーションでは、部下はその情報を軽く受け止め、ほとんど馬耳東風《ばじとうふう》に聞き流し、その情報の意味が本当に分かったのか分かっていないのか分からないまま、いい加減にその仕事を処理する。

第二のコースの脳で受けたコミュニケーションでは、部下はその情報を平常通りに受け止め、その情報の意味を論理的に理解し、事務的に、機械的に、無難にその仕事を処理する。

第三のコースの心で受けたコミュニケーションでは、部下はその情報を重く受け止め、その情報の真意を的確に把握して、完全を期して全身全霊を傾けて仕事に邁進する。

また部下が上司に報告する場合も同様に、上司へのコミュニケーション・コースも三通りとなる。

上述の三つのコミュニケーション・コースの中で最良のコースは、第三コースである。コミュニケーションは、発信者と受信者の人間関係の底流に心と心のつながりがあれば、最高の効果を発揮する。「コミュニケーションは心なり」という経営道の言葉を心に刻めば、コミュニケーションは円滑《えんかつ》に進んでいく。

ボトムアップ――トップダウン・コミュニケーションの円滑化

社内コミュニケーションは、経営組織では、タテとヨコの二つのコミュニケーションから成っているので、この両方のコミュニケーションの円滑化をはかる必要がある。タテとヨコのコミュニケーションを円滑にするためのポイントは二点ある。

第一は、タテのトップダウン・コミュニケーションとボトムアップ・コミュニケーションをバランスよく進めることである。会社の経営組織では、経営管理レベルのトップ・マネジメントが意思決定した事項はすべて、トップから管理レベルのミドル・マネジメントへ、ミドルから監督レベルのローワー・マネジメントへ、そしてローワーから作業レベルの一般従業員へと垂直的に命令・指示のかたちで上階層から下階層へと伝達されるトップダウン・コミュニケーションと、上司から命令・指示を受けた部下が、その命令・指示に従って職務を遂行し、仕事の進捗《しんちょく》状況や目標達成状況などを報告のかたちで下階層から上階層へフィードバックするボトム・アップ・コミュニケーションの二つがある。

　このように社内のタテのコミュニケーションは、トップダウンの上司の命令・指示が不徹底であったり、ボトムアップの部下の報告が不完全であったりすると円滑に進まなくなり、仕事に支障をきたすことになる。命令五十パーセント、プラス報告五十パーセント、イコール、百パーセントになるようなトップダウンとボトムアップのコミュニケーションがバランスよく進むのが最良のタテの社内コミュニケーションである。心のこもった上司の命令と心のこもった部下の報告が社内コミュニケーションの円滑化の鍵である。

ラインとスタッフの協力関係の促進を

　第二は、タテのラインとヨコのスタッフ間のコミュニケーションを対等に進めることである。事業活動の実践部隊であるラインとその実践部隊を支える支援部隊であるスタッフとの間に一致協力が保たれていることが重要である。

　ところが実際には、両者間のコミュニケーションがうまくいっていないために、事業活動が捗《はかど》らなくなっているケースがよく見られる。

会社の経営組織は、主として、ライン組織とスタッフ組織から成っている。このライン・アンド・スタッフ組織では、命令統一の原則と職能別専門化の原則をうまく調和させるために経営組織をライン部門とスタッフ部門に分けている。

ラインは、トップからボトムまでの一本の命令と権限で貫かれたタテの組織で命令系統であり、計画、戦略、実施などの意思決定を行い、指揮・命令し、組織を管理・監督し、事業活動を展開してフィールドワークを行い、仕事の結果に対して責任を取る。事業部門でいえば、生産や営業はライン組織である。

スタッフは、ラインが的確な意思決定を行い、事業活動を効果的に展開して、所期の目標を達成できるよう側面から専門的な立場で、補佐、助言、勧告、提案、情報・アイデアの提供、業務・事務処理サービス、会計処理などを行う。事業部門でいえば、総務、人事、財務、企画、社長室などはスタッフ組織である。

零細・小規模企業では、従業員が少ないので、ラインとスタッフが明確に区別されておらず、社長や一人の役員がラインとスタッフの職能を兼務しているケースがよく見られる。中・大規模企業では、ほとんどライン・アンド・スタッフの経営組織になっている。

業種によって多少異なるが、社員が増えて規模が大きくなるにつれて、スタッフ部門が拡大され、ライン部門とスタッフ部門のバランスが崩れ、両者間のコミュニケーションがうまくいかなくなる傾向がある。

事業活動は、ラインとスタッフの協力によって行われるが、実際には、ラインとスタッフの間には、それぞれ職能の違いから、対立、矛盾、摩擦、誤解、不信、ミス・コミュニケーション、不一致などが頻繁《ひんぱん》に起きている。

ラインとスタッフの関係をよくするためには、部門間のコミュニケーションの円滑化をはかる必要がある。両者の関係を優劣や強弱の関係でとらえないで、両者は、相互依存関係にあり、一致協力が大切であるということを両者が認識するのが大切だ。

例えば、営業部門が強大で、営業部員が他の部門に対して、「俺たちが稼いでお前たちを食わしてやっている」というような優越感や尊大な態度を示すと、両部門間のコミュニケーションはとりにくくなり、相互のチームワーク、人間関係などが難しくなり、連帯感や協力関係が弱くなり、モラールが低下し、組織自体が弱体化する。

社内コミュニケーションは、タテもヨコも、心が伝わるコミュニケーションが通じ合ってはじめて円滑に進むようになる。コミュニケーションは、発信者と受信者の間では、ほとんど言葉と態度のやり取りになるので、「コミュニケーションは心なり」という心のこもった言葉と態度がコミュニケーションの良し悪しを決めることになる。「経営は心なり」という経営道の精神は、社内コミュニケーションが心で伝わるようになれば、自ずと自社の企業家精神として確立される。

（三）心の一致のチームワーク

「チームワークは心なり」で共通目標に向かって邁進する

企業は自社の経営の安定と事業の発展のためにいくつかの経営目標を設定する。この経営目標は、部門目標、部目標、課目標とブレイクダウンされ、さらに個々の社員に職務目標が与えられる。

それぞれの単位組織（部・課・係など）には、それぞれの達成目標が与えられる。例えば、すべての課には、その課なりの目標が与えられ、全課員に達成すべき共通目標が与えられる。

共通目標を達成するために編成された人間の集団組織をチームといい、そのチームの構成員をメンバーといい、そしてメンバー全員による共通目標達成のための協力活動をチームワークという。

なお、場合によっては、部・課などのフォーマルな単位組織以外に、必要に応じて、特別の目標を達成するために特別にプロジェクトチームやタスクフォースや委員会などのチームが編成されることもある。

チームワークをうまく進めていくためには、チームリーダーは、まず「経営は心なり」という経営道の企業家精神に基づく「チームワークは心なり」という考えに則って、メンバー全員の心の一致の大切さを説くことが必要だ。

チームワークの狙いは、共通目標の達成であるから、チームリーダーは、メンバー全員がチームの共通目標をよく理解し、強い目標意識をもつよう導くことが肝心だ。

大切な問題の共有化・連帯・協力

チームリーダーはメンバー全員を共通目標に向けて正しいオリエンテーション（方向づけ）とモチベーション（動機づけ）を行い、全員がその共通目標に集中して、邁進していくよう士気を鼓舞し、リーダーシップを発揮して共通目標への統合化をはからなければならない。

そのためには、メンバー全員がチーム内の問題はすべて自分たちに共通の問題であるということを認識して、問題を共有化することが大切だ。

全メンバーで問題を共有化すると、その時点で全員の気持ちが一変して、メンバー同士の間に連帯感が生まれ、連帯感はさらに皆でやろうという士気を喚起して、メンバー間に協力関係を生み、そこでチーム内に心の一致が生じる。

この心の一致によってチームはチームワークを存分に発揮できるようになる。一組織としてのチームの戦力は、正に心の一致のチームワークにあるということができる。

チームワークは一人で行う個人作業ではなく、複数のメンバーたちと共同で行うグループ作業である。グループ作業を円滑に進めていくためには、チームリーダーとメンバーたち、さらにメンバー間のチームワークを上手に進めていかなければならない。

またチームワークはチームメンバーに共通の目標を達成するための団体行動なので、チームリーダーはメンバーたちに団体行動の基本ルールを正しく理解させ、守らせるよう実践的なチームワーク・トレーニングを行う必要がある。

そこで、チームワークを効率的に進めていく際の主なチェックポイントを挙げておこう。

・「チームワークは心なり」というスローガンの設定
・共通目標への統合、オリエンテーションとモチベーション
・問題の共有化とコンセンサスづくり（合意形成）
・チームにとっての最優先課題の設定
・連帯責任感の強化と連帯行動の展開
・協力体制の確立と戦線統一
・メンバー間の相互理解と信頼関係の促進
・各メンバーの役割の明確化と分担
・チーム内コミュニケーションの円滑化
・機密保持
・メンバーによるチームリーダーの支持

またチームワークの展開には、各メンバーの長所、短所、強点、弱点が互いに大き

な影響を与え合うので、チームリーダーは各メンバーの長所と強点を活かし、短所と弱点を補うよう工夫する必要がある。

チームリーダーは、メンバーたちに職務に必要な知識や技術を与えるだけでなく、メンバーたちの自己啓発支援や人材育成にも力を入れるべきである。

チームリーダーは全メンバーとのチームワークで共通目標を達成したら、メンバーたちを労《ねぎら》い、感謝の意を表わすべきである。また上司であるリーダーは、成功は部下であるメンバーたちのお陰であり、失敗は自分のせいだとする責任を重んじる姿勢をとるべきである。

さらに目標達成の成果は、メンバーたちに公平に配分し、全メンバーと達成感を味わい、感動を分かち合うことが大切だ。それは、達成感はメンバーたちに新たな自信と夢とチャレンジを与え、さらにチームリーダーとメンバーたちとの心の絆をいっそう強めてくれるからである。

(四) 心で結ぶ人間関係

良き人間関係の四要素

いかなる仕事であれ、その仕事がうまくいくかいかないかは、ひとえに人間関係の良し悪しにかかっていると断言しても差し支えない。人間関係がうまくいっていないのに、仕事がうまくいくというようなことはあり得ないことである。すべての事業活動の成否を決める最大の要因の一つは、人間関係の良し悪しである。

したがって、社員間の人間関係や顧客と社員間の人間関係が良好に保持・展開されている会社が発展し、そうでない会社が衰退していくことは明白である。

社員一人ひとりが、その職務を立派に遂行していくためには、より良い人間関係を生み出していくことが必要だ。より良い人間関係の創造こそ、人を活かし、会社を伸ばす原動力である。

職場の良い人間関係を築き、発展させ、職場に「和」を生み出していくためには、良い人間関係の四つの基本要素、つまり、信頼、尊敬、理解、感謝を深めていくことが大切だ。

その第一は、信義を重んじ、信頼を高めることである。ビジネスは、信頼関係に基づいて成り立っている。社員間相互の信頼を高めることが、より良い仕事を生む。信頼は、信頼できる言動の実行と蓄積によって築かれる。

第二は、礼儀を重んじ、尊敬し合うことである。自分と接する人々に敬意を表することが大切だ。上司はリーダーシップを発揮するためには、部下から尊敬されるよう徳性を涵養すべきである。

第三は、理解を深めることである。人間関係は、ちょっとした些細《ささい》なことで誤解や摩擦《まさつ》や衝突が起きやすい。より良い人間関係を発展させるには、相手と自分との共通点と相違点を互いに確認し、理解し合うことによって相互理解を深めることが大切だ。

第四は、感謝の気持ちを表わすことである。いつも感謝の気持ちをもち続ければ、自分と接する人々にも感謝の気持ちが伝わり、やがて良き理解者、協力者が現われ、良い人間関係を築くことができる。感謝の心をもてば人は親切になり、感謝の心を失えば人は不親切になる。人間関係では、親切に対する感謝が互いの友好関係を促進する。

職場では、他の社員との人間関係をもたずに自分一人で遂行できる仕事は何一つない。したがって、どの仕事も、人間関係がうまくいかなければ、その分だけ仕事もうまくいかなくなってしまう。

仕事がうまくいかなくなると今度は、自分自身のモラールが低下したり、ストレスになったり、孤立したり、誤解されたり、ミスやエラーが増えたり、会社をやめたくなったりして、ますます良い仕事ができなくなり、悪循環に陥ってしまう。

したがって、各職場のリーダーは、部下たちに職場内での人間関係の正しいもち方について教育・研修・訓練を行う必要がある。そこで、部下たちにとくに教育すべき職場の人間関係の正しいもち方について、主なチェックポイントを挙げておこう。

「人間関係は心なり」という考えが職場に和をもたらす

①「人間関係は心なり」という経営道の考えに則って、心が通う人間関係を築くこと。

良い人間関係は、互いの誠意、善意、好意、謝意、敬意、熱意、親切、思い遣り、配慮など人を思う心によって保たれている。このような良い心を込めて、互いに心が通い合う人間関係を築けば、良い仕事を生み出すことができる。どんなに些細な瞬時の仕事でも、相手に対して一言一句、一挙手一投足、心のこもった姿勢で臨むことが良い人間関係を築く根本であることを社員教育する必要がある。「人間関係は心なり」という言葉をいつも口ずさんで人と接していれば、自ずと経営道を歩むようになり、良い人間関係を築くことができる。

② 職場の人間関係は公的関係であること。

社内や配属先の職場での人間関係は、私的関係ではなく、公的関係なので、社員が私的関係を優先させたり、公私混同したり、組織を私物化することは避けるべきであり、職場での私情は許されない。

したがって、社員には職場の人間関係はあくまで公的な人間関係であることを十分認識させ、公私のけじめをつける習慣を身につけさせることが大切だ。

③ フォーマルとインフォーマルな人間関係があること。

社内での人間関係は自分の配属先の職場での上司や同僚や部下たちとの命令・報告のタテのコミュニケーションと共同作業のヨコのコミュニケーションで結ばれたフォーマルな人間関係と、他の部・課の社員たちとの権限・責任や共同作業を伴わないインフォーマルな人間関係があり、この二つの人間関係は複雑に絡み合っているので、社内と職場の人間関係は相当の気配りをすることが大切だ。

また職場での人間関係は、自分が選んだ相手ではなく、与えられた人間関係なので、人への好き嫌いという感情を抑制して、いかなる人とも協調・協力していくことが求められる。

④ 人間関係にはいろいろな関係と側面があること。

人間関係は、何をベースに成り立つかによってその側面が違ってくるので、いろいろな種類が生じるが、主として次の二つのパターンに分けられる。

一つは、経済的・社会的要因をベースとした人間関係で、利害、損得、主従、強弱、優劣、勝敗、貧富、姻戚、派閥、出身、先輩後輩、支配被支配、競合、敵対、友好などの要因で結ばれた人間関係である。

二つは、心情的・文化的要因をベースとした人間関係で、愛情、友情、恋愛、慈善、好き嫌い、趣味、学術、宗教などの要因で結ばれた人間関係である。

社内や職場での人間関係は、基本的には経済的・社会的要因をベースとして成り立っているが、公的人間関係には、どうしても心情的要因が入ってくるので、嫉妬、悪意、中傷などの悪い心情は避け、誠実さ、協調性、好意などの良い心情が人間関係に働くよう広い心をもつことが、より良い人間関係を築いて、より良い仕事を生むことになるということを社員教育することが肝心だ。職場リーダーは自ら広く、温かい心をもつよう心がけなければならない。

⑤ 人間関係では言葉と態度が決定的要因となること。

人間関係は、互いに言葉を交わし、行動をともにすることによって進展する。したがって、言葉と態度が悪ければ、その人間関係は悪化することは自明である。良い人間関係をもつためには何よりもまず、相手に対して心のこもった礼儀正しい言葉遣いと態度を示すことである。

人間関係がおかしくなるきっかけのほとんどは、あの人に「こういわれた」「こうされた」という心ない言葉と態度によって心が傷つけられ、感情的な亀裂が生じたときである。

言葉と態度は、人間関係を良くもし、悪くもする致命的な要因であることを肝に銘じさせる社員教育・研修・訓練が必要だ。言葉と態度は、その人の徳性の軽重を表わすものである。

以上、組織改革について述べたが、組織改革を成功させるためには、組織リーダー

（上司）は、その組織の構成メンバー（部下）が会社組織の中で、自分を活かし伸ばし、さらに職場の他のメンバーたちと協働しながら職務を遂行し、目標を達成するのに必要な「組織活動能力」の向上をはからなければならない。

組織リーダーにとっても、メンバーにとっても必要不可欠な組織活動能力の主要内容が、上述したリーダーシップ、コミュニケーション、チームワーク、人間関係の四つの職能である。

組織リーダーもメンバーもともに、この四つの職能をそれぞれ、「リーダーシップは心なり」「コミュニケーションは心なり」「チームワークは心なり」「人間関係は心なり」という経営道の教えに則って実践すれば、経営組織は一致協力体制が確立され、強力な組織戦力を発揮することができる。

第五章

経営道で日本を世界に輝かせる新しい国際戦略

一　日本男児よ、大和魂をもって堂々と世界に臨もう！

経営道の精神の根幹は大和魂

二十一世紀日本は、世界に向けて日本こそ、世界平和の達成と人類福祉の向上に貢献する国であるという姿勢を明確に打ち出し、実際に、その実現に向けて邁進すべきである。そのためには、われわれ日本人は日本人としての自覚と誇りをもって堂々と世界に臨む心構えが必要だ。日本の正しい心をもって正しいことを世界のために実践していく以外に日本の歩む道はない。そこで、まずわれわれ日本人自身が、日本の心である大和魂をしっかりともつことが求められる。

私は、「経営は心なり」という経営道で日本を世界に輝かせたいという熱い思いを込めて本書を執筆しているが、日本企業経営者と社員たちに、大和魂をもたせることができなければ、この願いは到底、叶えられないと思っている。

経営道は、武士道の精神を根源としており、武士道は新渡戸稲造の書『武士道』の中で述べられているように、日本の魂、つまり大和魂である。したがって、武士道に由来する経営道も日本の魂・大和魂である。経営道の精神の根幹は大和魂であるから、大和魂を欠く経営道はありえない。

戦前の日本では、心から日本を愛し、身を挺《てい》して日本を守ろうとする心を「大和魂」といい、大和魂をもつ日本人男性を「日本男児」、そして日本女性を「大和撫《なで》子《しこ》」と美称していた。

このような大和魂は、長い日本の歴史の中で、日本が国家の危機に直面したときに日本民族の国防意識として遺憾《いかん》なく発揮された。日本は、幾度となく国難に見舞われたが、日本を守ったのは日本民族の大和魂であり、また日本を世界に輝かせたものは日本民族の大和魂である。

日本の歴史、伝統、文化は、日本民族の大和魂の発露によって彩られている。大和魂は日本の自然の美しさから育まれた繊細な情操や国難から国を守る勇猛果敢な義勇心まで広く日本人の精神性を表わしている。

大和魂という言葉が表示された日本初の文献は、千年前の平安時代に紫式部（九七〇－一〇一九？）が著した『源氏物語』であるといわれており、その二十一「乙女の巻」の中で太政大臣・光源氏の教育観が述べられており、源氏は学問と大和魂を身につけさせるという厳格な教育方針から元服を迎えた嫡男《ちゃくなん》・夕霧《ゆうぎり》を高い官位である四位にする特典を捨てて、六位という低い身分のまま大学に入学させた。

源氏は「なほ才を本としてこそ、大和魂の世に用ゐらるる方も強う侍《はべ》らめ。さしあたりては、心もとなきように侍れども、つひの世の重しとなるべき心おきてを習ひなば、侍らずなりなむ後も、うしろやすべきによりなむ」（「やはり、学問を基礎にして、はじめて実際能力（大和魂）の効用が発揮されるのです。入学当初は官位が低くて不満だろうが、最終的に、国家を支える重臣になるべき心構えを習得するなら、私が死んだ後も安心だというわけで入学させました」）と述べている。(45)

国家の重臣となる人物は大和魂を身につけなければならないという源氏の教育観は、日本の教育の在るべき姿を示している。源氏の教育観は、企業経営者にも当てはまる。大和魂は日本人の精神の核であり、日本の国力の根源である。日本人から大和魂を取り除けば日本人でなくなり、日本から大和魂を取り除けば日本国でなくなるといっても過言ではない。

大和魂は心の奥底に沈静して、平常は現われないが、一旦緩急あれば、自然に湧き出る愛国の心の泉である。大和魂は思想でも主義でもない日本人の自然な純真な心なのである。

江戸中期後の国学者・本居宣長《もとおりのりなが》（一七三〇－一八〇一）は、

敷島の大和心を人問はば
朝日に匂ふ山桜花

と大和魂を詠んでいる。

大東亜戦争時の神風特別攻撃隊の敷島隊・大和隊・朝日隊・山桜隊の隊名は、この和歌の心を受け継いで名付けられた。(46)

明治天皇（一八五二－一九一二）は、大和心の心の強さについて次のような御製を詠まれている。

しきしまの大和心のをゝしさは
ことある時ぞあらはれにける

山をぬく人のちからも敷島の
大和心ぞもとゐなるべき

また次の御製、

いかならむことにあひてもたゆまぬは
わがしきしまの大和魂

は、日本はいかなる艱難や災難が起きても、日本国民がもつ大和魂が必ずや日本を守り抜くというご確信を表わされたものである。
吉田松陰の次の二首は、大和魂の真髄を余すところなく表わしている。

かくすればかくなるものと知りながら
已《や》むに已まれぬ大和魂

この一首は、松陰が下田の獄から江戸に押送される途中、泉岳寺の前を通り過ぎるとき、赤穂義士《あこうぎし》の霊に手向《たむ》けた和歌である。

松陰が安政の大獄により江戸・伝馬町の獄舎で三十歳で刑死したときに書き残した遺書『留魂録』の辞世、

身はたとえ武蔵の野辺に朽ちぬとも
留め置かまし大和魂

に心を打たれた松下村塾の同志塾生たちは、大和魂を奮い起こし、師の遺志を受け継いで一斉に決起し、明治維新を達成した。

本居宣長や明治天皇や吉田松陰の和歌が示しているように、大和魂は日本人がごく自然に国を愛し、守り、誇りに思う日本民族固有の精神である。長い日本の歴史の中で祖国を愛した先祖たちが大切にしてきた大和魂は、今日まで連綿と日本人の心の中に受け継がれている。

日本と同じように他国も愛するのが大和魂

大和魂は日本を愛する心であるから、大和魂をもつ日本人は、日本を愛すると同じように世界の国々を愛する心をもって他国との共存共栄をはからなければならない。日本人は日本を愛してはじめて他国を愛することができるようになる。グローバル時代では、他国を愛する日本人を世界に輩出しなければ、日本は世界に貢献できない。

私は世界に臨むときはいつも、「俺は日本男児！」という気概をもって海外現地活動に取り組んでいる。

私は日本政府（ＪＩＣＡ）から国際協力専門家としてマレーシアに派遣された初日に、赴任機関で私の指導対象となる経営指導員たちに次のようなスピーチを行った。

「私は日本政府からこの機関に国際協力専門家として派遣されてきました。私は国際協力活動を通じてマレーシアの発展に貢献したいと思います。そのために私は日本を愛すると同じように、マレーシアを愛し、マレーシア人よりももっと熱烈な愛国者になるつもりです。私たちの仕事は国を愛さなければできない仕事です。皆さんもどのマレーシア人よりも愛国者となって、ともにマレーシアの発展のために頑張りましょう」

彼らは、はじめ吃驚《びっくり》したような顔付きで私のスピーチを聞いていたが、私が話し終えると、皆納得したような様子で拍手をし、私に寄ってきて「一緒にやりましょう」と握手をしてスタートを切った。私は四年間の赴任中、この姿勢を貫いたが、多くの同志を得たお陰で任務を遂行することができた。

また彼らは、敗戦で木っ端微塵《こっぱみじん》になった日本が瞬く間に経済復興した姿に驚嘆して、その成功の秘密を解き明かしてほしいと私に質問してきたので、私は「戦後日本を再建したエネルギー源は、日本人企業家たちの愛国心（大和魂）である」とその謎解きをしたところ、皆が「そこが日本人の凄いところですね」と感服したのをいまでも懐かしく想い出す。

大和魂をもって国難から日本を守った高杉晋作

われわれ日本人は、日本男子・大和撫子として、大和魂をもって国難から日本を守りぬいた先人たちの志を継いで世界に臨むべきだ。

私は仕事柄、国際協力活動を通じていろいろな国の人たちと接してきたが、いつも高杉晋作を鑑として世界に臨む心構えとしている。

長州藩士・高杉晋作（一八三九－一八六七）は、松下村塾で師・吉田松陰の薫陶《くんとう》を受け、松陰の遺志を受け継ぎ、欧米白人の侵略、植民地支配から日本を守った救国の志士である。

文久三（一八六三）年五月十日、長州藩はアメリカ商船、フランスとオランダの軍艦を関門海峡《かんもんかいきょう》で砲撃した。六月に入ると形勢逆転し、アメリカ、フランス軍艦が反撃、長州藩の軍勢は敗退した。

そこで、藩主・毛利慶親《もうりよしちか》（敬親）は晋作を呼び出し、下関防禦《ぼうぎょ》対策を一任した。晋作は直ちに下関に飛び、同年六月六日奇兵隊を結成した。晋作は奇兵隊入隊基準を「志」の有無とし、士・農・工・商の身分の別なく、志ある者は集まれと高札を立てて同志を糾合《きゅうごう》し、「大和魂は、儼乎《げんこ》として日本人すべての血の中に流れている。この血を振るいおこして国難に当たるのだ。……諸君こそは新しい日本国の先駆者なのだ。諸君、頑張ろう！」と獅士吼《ししく》の大演説をして士気を鼓舞した。

元治元（一八六四）年八月五日、イギリス、アメリカ、フランス、オランダの連合艦隊の軍艦十七隻が、下関目がけて砲撃し、奇兵隊が応戦したが八月六・七日、外国軍が上陸し、長州藩は敗北した。この戦いが、アジアではじめて欧米白人植民地支配に挑んだ対欧米戦争だった。

晋作は同年三月二十九日に脱藩の罪で野山獄に投じられ、六月二十一日に父小忠太預けとなり謹慎《きんしん》していた。長州藩は、この非常事態に直面して、下関での四か国連合艦隊との講和締結のために晋作に頼らざるを得なくなった。晋作は座敷牢から山口にある藩の政庁に呼び出され、囚人から一気に政務座役（重役）に列せられた。

若干二十六歳の晋作は、国運を担って講和全権使節として伊藤俊輔《しゅんすけ》（博文）と井上聞多《もんた》（馨）を引き連れて、連合艦隊の旗艦・イギリスのユーリアラス号に乗り込んだ。

晋作は立烏帽子に陣羽織《じんばおり》に身を包み、手に采配を握り、毛靴をはいた扮装《ふんそう》で、クーパー提督とフランス、アメリカ、オランダの指揮官や外交官が居並ぶ会見場に、堂々と不動明王のごとく登場した。このときの晋作は、「長州男児の肝っ玉を見せてやる。俺は日本男児だ」という大和魂をもってこの場に臨んだのだ。

この会談で、クーパー提督はまず長州に謝罪を求めたが、晋作は謝罪せず、「講和のために会談に来たんだ」と突っ撥《ぱ》ねた。クーパーは「長州は敗けたではないか」と反駁《はんばく》したが、晋作は「本気で闘えばこちらが勝つ」と胸を張っていってのけ、この会談は終えてしまった。

次の会談で、クーパーは「彦島《ひこしま》を連合国側に租借《そしゃく》致したい」と彦島の分譲を要求してきた。晋作は上海に渡り、イギリスが九竜島《きゅうりゅうとう》・威海衛《いかいえい》を租借し、植民地支配された清国の惨状を自分の目で確かめていたので、日本を絶対このようにしてはならないと決意して、この要求は断呼、撥ねつけた。晋作は、『古事記』の神話を引き出して、日本は神国であり神々の島を譲る訳にはいかないと滔滔《とうとう》と大演説して相手を煙に巻いてしまった。晋作の気迫が、イギリスに租借を撤回させたのだった。

彼ら欧米人たちは、日本男児・高杉晋作の堂々たる態度に接して、このような愛国青年の武士がいる日本、そして武士道が民族の心である日本は、侵略したり、植民地支配することは到底できるものではないと思い知らされたに違いない。このとき通訳を務めた伊藤博文（初代総理大臣）は四十年後に「あのとき高杉が租借要求をうやむやにしてしまわなかったら、彦島は香港になり、下関は九竜半島になっていただろう」と述懐《じゅっかい》している。

このように高杉晋作は、欧米白人の侵略、植民地支配から日本を守ったが、高杉晋作こそ、大和魂をもって堂々と世界に臨んだ真の日本男児だ。

晋作は明治維新の前年に没する。享年二十九。後輩の同志たちに「ここまできたのだから、これからが大事じゃ。しっかりやってくれろ」と遺言を残した。晋作は明治維新を見れなかったが、自分が松陰の志を受け継いだように後輩の同志たちが自分の遺志を受け継いで日本を守ってくれることを信じていたに違いない。(47)

後世のわれわれ日本人は、高杉晋作のように挺身《ていしん》して日本を守った先達たちの大和魂を継承して、平和で立派な日本を築き、世界の国々を愛し、清く、美しい日本を世界に輝かせていかなければならない。

世界の中で活躍する日本企業の経営者と社員は、日本男児・大和撫子として、武士道に根づく大和魂をもって堂々と世界に臨んでほしいものだ。

二　経営道で日本企業のアイデンティティを明確に打ち出そう！

経営道＝「経営は心なり」は日本の伝統的企業家精神

「経営は心なり」という経営道は、日本独自の企業家精神である。二十一世紀日本企業が、ますます激化する国際競争に打ち勝っていくためには、日本企業は日本企業としての日本独自の企業アイデンティティを取引関係国に対して明確に打ち出し、世界の競合企業との差別化をはかることが肝心だ。

そのためには、経営道に則った正しい心の経営を行動で取引関係国の現地の人々に強烈に印象づけ、彼らの心を摑《つか》むことである。

二十一世紀のグローバル時代では、国家間の国際関係は、各国の国家アイデンティティ、民族アイデンティティ、宗教アイデンティティ等のアイデンティティ同士の衝突がますます激化することが予測される。

国家にしても、民族にしても、宗教にしても、それ自体のアイデンティティをより明確に打ち出していく国家や民族や宗教が、世界において競争上、アイデンティティを明確に打ち出せない国家や民族や宗教よりいっそう強力になり、遥かに優位な立場に立つことは自明である。

このトレンドは企業の国際活動においても当てはまることである。したがって、日本企業は日本独自の企業家精神である「経営は心なり」という経営道を自社の企業アイデンティティとして取引関係国に対して明確に打ち出していくことが戦略的に得策である。

経営道は、正しい心で企業経営を行うことであるから、日本企業は企業として正しいことは、取引関係国の現地での事業活動でどんどん行動に移して、日本企業の良さを現地の人々に見せつけるのが先決である。そうすれば、現地の人たちは、日本企業のアイデンティティを見て感服し、日本企業と日本人に対して尊敬と信頼の念を深め、ひいては日本と取引関係国との友好的な国際関係を築くことができる。

私は経営コンサルタントなので、自分の専門分野で「経営道」を世界に知らしめるよう心掛けている。

私はこれまで四十か国以上の開発途上国の企業経営者のための国連専門機関やＪＩＣＡ（国際協力機構）等の国際協力マネジメント研修の講師を務めてきたが、まず「日本道」と「経営道」の講義から始めることにしている。

「皆さんは、日本のＯＤＡ（政府開発援助）に基づく国際協力研修で日本の企業経営について学ぶために来日しました。日本の企業経営について正しく理解するためには、日本がどういう国なのか、日本人はどのような民族なのかを知ることが先決です。日本の企業家精神が分かれば、日本企業の経営の真髄を掴むことができます」と述べてから、ホワイトボードに、柔道ＪＵＤＯ、空手道ＫＡＲＡＴＥＤＯ、茶道ＳＡＤＯと、ほかのＤＯをいくつか書いて、「日本には、経営道ＫＥＩＥＩＤＯというＤＯがあり、日本企業はＫＥＩＥＩＤＯの理念に則った経営活動をしています。ＫＥＩＥＩＤＯは、〝経営は心なり〟という経営者の経営に対する心構えとなっています」と、日本の歴史、伝統、文化に深く根差した「経営道」について事例を交えて解説している。

開発途上国の企業経営者たちは、日本企業が世界各国に飛躍して世界経済の安定と発展に寄与し、日本が世界をリードする経済大国に躍進した原動力が、日本企業の「経営道」にあったことに感銘し、この研修で「日本道」と「経営道」から学んだことを自国の国づくり、人づくりに役立てたいと一様に語っている。

私は開発途上国の企業経営者や管理職に対する経営指導や研修を行う場合は、理論ばかりでなく、彼らとの協働作業の中で、約束履行、時間厳守など紀律正しさや、心を込めたコミュニケーション、筋道を通す人間関係など礼儀正しさを自らの言動を通じて経営道の教えを示すことにしている。

マレーシアで受け入れられた日本の「経営道」

私は一九七四年から七八年の四年間、国連コロンボプランの開発途上国の経営開発プロジェクトのための日本政府のODAに基づいて、日本政府（JICA）からマレーシアの産業界、企業に対する政府系経営指導機関に派遣され、国連コロンボプラン・エキスパートとして当機関の経営指導員（オフィサーといった）養成とマレーシア企業のためのマネジメントやマーケティングのコンサルティングと研修の国際協力プロジェクトに従事した。

この機関が私を指導専門家として日本政府に派遣要請した主な理由は、日本人専門家から日本企業の経営やマーケティングの戦略、システム、手法、ノウハウ等の経営技法をマレーシアの企業に導入することであった。そこで私は、マレーシア企業の経営開発に役立つ日本企業の良いところは、彼らが身につけるように実践的な指導方法をとることにした。

私がこの機関に赴任して最初に気づいたことは、この機関が紀律を著しく欠いているということであった。そこで私は、暗黙の中で彼らに行動で範を示すことに決めて、実行した。

この機関は始業時間が八時、終業時間は十六時であったが、八時に出勤するオフィサーはほとんどいなくて、遅刻者ばかりだった。私は四年間、毎朝七時四十五分に出勤し続けた。この機関で毎朝一番乗りは日本人専門家一人であった。会議も遅刻者ばかりだったが、私はどの会議も五分前には会議室に入っていた。これも日本人専門家がいつも一番乗りだった。

私は赴任してすぐに、「日本企業のビジネス・ビヘィビア、経営システム、マーケティング戦略」というテーマのナショナル・セミナーを企画し、実施した（マハティール元首相も参加した）。

開催日の前日、終業時間後に講堂に見に行ってみると、オフィスボーイたち（十代前半の少年たち）が、数百人用の椅子を並べているところだった。椅子の並べ方が粗雑で乱れていたので、私が彼らに椅子をきちんと並べるように並べ方を教えながら彼らと一緒に椅子を碁盤《ごばん》の目のように縦横に整然と並べていった。並べ終えたとき、彼らはその整然とした様を見て、大声をあげて喜んだ。私は彼らにお礼をいって立ち去った。

翌朝、私はトップから役員室に呼ばれて、「アドバイザーがオフィスボーイと一緒に作業をするとは何事だ。今後このようなことは二度とするな」と文句をいわれたが、その後オフィスボーイたちは、これを切っ掛けに他のことでもきちんと作業をするようになった。彼らはこの機関では最下階層で働く労働者だが、上階層のマネジメントより高い紀律を身につけたことになる。

私はある日、主都クアラルンプールのホテルのティーラウンジで、約束の十四時にクライアントを待っていたが、十五時過ぎても来なかったので引き上げた。翌日、彼になぜ来なかったのか聞いたところ、彼の返答は、〝It rained.〟（雨が降ったから）だった。私は彼の言葉に唖然《あぜん》としたが、この国ではわれわれ日本人がもつ約束という信義はないのだということを思い知らされた。このような国で、現地の人々に紀律を身につけさせることは至難の業であったが、私はこの国を発展させるには、産業振興や経営開発の指導に当たるこの機関の経営指導員に高い紀律をもたせるのが先決だと思い、この問題にいっそう力を入れてチャレンジすることに肚を決めて、紀律訓練（ディシプリン・トレーニング）の研修も実施した。

またある休日に、十四、五人のオフィサーたちが私の家に遊びに来た。そのとき彼らは玄関先に靴やサンダルを脱ぎ放しでバラバラに散りばめられていたので、私がそっと彼らの靴やサンダルをきちんと並べておいたところ、彼らが退出するときに、自分たちの履物が整然と並び変えられている様を見て吃驚《びっくり》して、しばし全員でじっと眺めていたが、その中の一人が、「ミスター・イノウエ、これが先生のいうところのディシプリン（紀律）ですね」といったので皆がどっと笑って「日本人は凄いな」といいながら立ち去って行った。翌朝、オフィサーから、「グッド・モーニング、ミスター・デイシプリン」と声をかけられ、握手して互いに「デイシプリン！」といって笑ったのは懐かしい想い出となっている。

六か月間の任務が終わる一か月くらい前のある日、この機関の最高責任者から、いますぐ役員室に来てくれと電話が入り訪ねたところ、いきなり「あと六か月、任期を延長して指導してほしい」と頼まれた。私は帰国の準備をしていたので、「任期延長はできない」と断ると、彼は私の顔をじっと見つめながら、〝We need you.〟といった。

私は「われわれはあなたを必要としている」ということの言葉を聞いた瞬間、胸が熱くなり、それほど自分が必要とされているのであれば、任期延長もやむを得ないと思い、その場でOKし、その申し入れを快諾してしまった。それからまたたく間に六か月が過ぎて延長期間が切れそうになった頃、また同じように、あと一年任期延長してほしいと、同じ〝We need you.〟を繰り返され、また同じように承諾してしまった。そしてこの〝We need you.〟という一言のために、四年間もマレーシアに留まることになった。

私が四年間の指導を終え帰国するとき、彼らは私のために送別会を開いてくれた。オフィサーの代表が、「私たちはミスター・イノウエから経営管理や組織改革やマーケティング戦略などマネジメントについて多くのことを学んだが、それ以上に学んだことは、経営道という日本の企業家精神だった。

高い紀律、愛社精神、勤勉、誠実さ、信義、礼儀正しさ、約束履行、時間厳守、責任感、献身、一致協力の大切さを学んだ。中でも紀律の向上は、私たちの人的資源開発プロジェクトに大いに貢献した。私たちは、どの国よりも日本から大切なことを学んだ。

マレーシアの発展にとっていちばん大切なことは、私たちマレーシア人が日本人のように立派な企業家精神をもつことだ」と謝辞を述べたので、私は、「本当にこれで良かった」と胸を撫《な》で下ろしたのを昨日のことのように覚えている。

私が開発途上諸国での国際協力活動の体験から学んだことは、外国では私のいうこと、為すことはすべて、ミスター・イノウエが「こういった」「こうした」というのではなく、日本人が「こういった」「こうした」という評価になってしまうということである。

私の赴任機関では常時、イギリス人、アメリカ人、オーストリア人、オーストラリア人、ドイツ人、インド人など七、八人の国連専門家がアドバイザーとして赴任していた。私と国連専門家たちとオフィサーたちとのミーティングで私が発言したことは、ミスター・イノウエの発言ではなく、日本人の発言ということになってしまう。

私が現地人に親切にすれば、「日本人は親切だ」となり、私が約束を守れば、「日本人は信用できる」となるといった具合に、私個人が日本人に置き換えられ、私に対する評価は即、日本に対する評価と化することをわれわれ日本人は強く認識すべきである。だからこそ、われわれ日本人は、海外にいるときには、自分の言動の良し悪しが、現地の人々の日本の評価につながることをいつも意識して振る舞うことが大切だ。

日本企業は、海外現地で「経営は心なり」という経営道を日本企業のアイデンティティとして明確に打ち出し、日本が高い国際的評価を得るよう心掛けるべきである。

柔道は世界中の人たちが知っている。しかし、経営道はいまのところ知る人ぞ知るといった程度でごく限られた人たちによってのみ知られているのが実態だ。私は、経営道が柔道のように、世界中の多くの国々から受け容れられれば、ハート・トゥ・ハートの国際関係を促進し、ひいては国際平和の達成に貢献できると確信している。

経営道を世界の国々で実践し、世界に普及することによって国際貢献していくことが日本再生の道である。われわれ日本人は「道義立国」の旗印のもとに、日本人としての誇りをもち、品性を磨き、徳性を涵養し、世界に光り輝く、清く、美しい日本を再現するために立ち上らなければならない。

三　経営道を実践し、世界平和への道を歩もう！

取引先国企業との共存共栄の関係を築く

日本企業経営者と社員が、日本の伝統的企業家精神である経営道を世界に示すことによって、日本は「道義国家」であることを世界の人々に知らしめることが、最良の国際戦略である。

経営道を日本企業が世界で実践していくためには、まず清く、美しい日本と日本の心である大和魂を取り戻し、日本の原点に立ち返るところからはじめなければならない。

経営道は、企業経営の場において、正しい心で正しいことを行うことであるから、この基本姿勢さえ貫けば、相手国企業との共存共栄の関係を築くことができる。経営道の目的の一つは、自社と取引先国企業との共存共栄である。自社の利益獲得のために他社を手段化することは経営道の精神に反する行為である。

トヨタの創業者・豊田佐吉は、「官僚外交の前に国民外交が無ければならぬ。鎧甲を脱ぎすてた平民同士、国民同士が互いに理解し合い、親しみ合い、互いに提携していこう」という国民外交を提唱し、中国に進出した際、「なるべく多くの支那人を雇うこと」と「彼らになるべく多く儲けしめること」を共通目標に掲げ実践し、中国との共存共栄をはかった。豊田佐吉は、経営道を外国で実践した真の経営者だった（『豊田佐吉翁に聴く』原口晃著）。

日本企業が進出したすべての外国で、日本の伝統的な企業家精神である経営道に則って、取引先国企業と相互利益を分かち合い共存共栄で発展していけば、その国は必ずや日本の親日国になり、両国が世界に共存共栄の成功モデルを示すことによって、やがて親日国の輪が世界に広まっていくことは大いに期待できる。日本は経営道の実践を通じて親日国との共存共栄をはかり、世界平和への道を歩み続けるべきである。

海外現地での経営道実践のための七つの基本姿勢

そこで、日本企業が海外現地で経営道を実践していく際にとるべき七つの基本姿勢を挙げていこう。

第一は、日本企業は、使命感をもって進出先国の経済発展に貢献することである。

どの国であれ、その国に進出する際には、「われわれ日本人は、この国をより良くするために来たんだ」という気概でその国での事業に取り組むべきだ。日本の利益のためだけでなく、その国との相互利益の増進のためにその国に進出したのだという意思を明示し、その国を愛し、その国の世の為、人の為に尽くしていく姿勢を貫き、現地住民の心を掴むことが肝心だ。日本企業は、進出先国の発展に貢献してはじめてその国を親日国とすることができる。

第二は、進出先国の「お国の事情」と民族の心を熟知することである。

そのために日本企業は、進出先国の国情の実態と動向を的確に把握した上で、現地での事業活動を実施することが肝心だ。とくに現地の消費者、ユーザー、顧客のニーズを発見し、先取りして、それらのニーズを満たす事業戦略を策定・展開することが必要だ。現地実態調査は、その国に赴任する社員自らが、現地のフィールドワークで、自分の目と耳と足で調査項目を一つずつチェックする必要がある。

第三は、異文化理解を深めることである。

とくにその国の民族の宗教、伝統、文化、歴史、言語、風俗慣習について正しく理解することが必要だ。日本とは異なり、混合民族国家が多く、デリケートな問題が絡むので、要注意である。また現地社員の日本文化に対する理解の向上を図る文化交流や日本語の使用・普及が必要である。カルチャーショックをできるだけ避け、異質の壁を乗り越えて、相互理解を促進すべきである。

第四は、日本と進出先国との国際関係を十分に把握することである。とくに日本との貿易、外交関係、進出日本企業、日本の国際協力（ODA）、国際文化交流については統計データや情報を収集・整理・活用する必要がある。またその国が、親日国なのか、反日国なのか、中間国なのかによって、それに対応した国際経営戦略の策定・展開をする必要がある。

第五は、進出先国の国策を十分に把握しておくことである。その国の国策に沿った事業活動は受容されるが、現地でのその国の国策に反する言動は問題を起こしやすいので要注意である。とくに産業政策は重視すべきである。

第六は、海外現地企業との関係は、対等・公平であることである。日本と現地企業は相互依存関係であり、支配・被支配関係はもってはならない。とくに平等の原則に立った雇用・人事・労務管理が必要である。

第七は、日本企業は「経済国際主義」に基づく国際ビジネスを促進することである。

戦後の日本は、戦前・戦中の「経済国家主義」の経済政策から自由経済をベースとした「経済国際主義」の経済政策へと一大転換し、自由貿易、国際協力・協調を推進してきた。経済国家主義では企業は自由な国際経済活動は制限されるが、経済国際主義では企業は世界市場において自由な経済活動を行うことができる。

二十一世紀日本企業は経済国際主義に基づく自由経済活動を通じて国際経済統合の実現に貢献していくことが強く求められる。

人間社会において個人の尊厳が守られなければならないように、国際社会でも個国家の尊厳は守られなければならない。二十一世紀日本企業は取引先国の強弱・大小にかかわらず、その国の国家の尊厳を守る姿勢を貫き、国際平和の達成に寄与すべきである。

これらの点に十分注意を払い、現地の気候風土等の環境や諸条件に適応しながら、経営道を着々と実践していくのが正攻法である。

経営道は「経営は心なり」と謳っているように、企業が経営・事業において正しい心で正しいことを行うことであるから、経営道の実践の進め方は、国内でも海外でもなんら変わるところはない。

日本企業が進出先国で日本の伝統的企業家精神を遺憾なく発揮すれば、海外現地の人たちは日本企業の経営の真髄がよく分かり、感服するはずである。

経営道は「経営は心なり」という道義の実践であるから、経営道が重んじる信義を守ること、礼儀正しいこと、紀律を守ること、良心的であること、公明正大であること、品性高潔であること、責任を果たすこと、世の為・人の為に尽くすこと、共存共栄をはかること、国を愛することなどの徳目は、日本人だけに必要な道義ではなく、すべての国の企業にとっても必要な道義であるから、経営道の精神は、時空を超えた普遍妥当な真理であるといっても過言ではない。

日本企業が世界で経営道を実践することは、道義を世界に広めることであり、世界平和に向けて歩むことである。

経営道は、清く、美しい日本が生んだ日本の心である。

「経営は心なり」という経営道の心で異民族同士のハート・トゥ・ハートの国際関係を促進し、親日国を増やしながら世界平和への道を歩み続けることが日本企業に課せられた使命である。

最後に私は、二十一世紀日本企業が世界平和の旗手として経営道の実践を通じて道義国家・日本を世界に輝かせてくれることを大いに期待したい。

参考・引用文献

（1）『日本人はなぜ世界から尊敬され続けるのか』黄文雄（徳間書店）
『日本人こそ知っておくべき世界を号泣させた日本人』黄文雄（徳間書店）
『日本人だけが知らない世界から絶賛される日本人』黄文雄（徳間書店）
『日本賛辞の至言33撰』波田野毅（ごま書房）
（2）『道徳の教科書――善く生きるための八十の話』渡邊毅（ＰＨＰ研究所）
『教育勅語の真実』伊藤哲夫（致知出版社）
（3）『教育勅語』明治神宮社務所刊
（4）『あんぱんはなぜ売れ続けるのか』井上昭正（清流出版）
（5）『日本の名著12 山鹿素行』田原嗣郎編（中央公論社）
『儒者』疋田啓佑（致知出版社）
（6）『道徳の教科書――善く生きるための八十の話』渡邊毅（ＰＨＰ研究所）
（7）『五輪書』宮本武蔵／神子侃訳（徳間書店）
『五輪書』宮本武蔵／城島明彦現代語訳（致知出版社）
（8）『日本の名著18　富永仲基・石田梅岩』加藤周一編（中央公論社）
『日本の歴史17 町人の実力』奈良本辰也（中央公論新社）

『日本倫理思想史4』和辻哲郎（岩波書店）
(9)『柔道教本』嘉納治五郎（三省堂）
(10)『日本教育柔道要義』桜庭武（培風館）
(11)『日本の名著1　日本書紀』井上光貞編（中央公論社）
(12)『剣道を知る事典』日本武道学会剣道専門分科会編（東京堂出版）
(13)『人物探訪・日本の歴史9 剣客の生涯』（暁教育図書）
『森銑三著作集　第9巻　人物編9』（中央公論社）
『大菩薩峠1』中里介山（筑摩書房）
『氷川清話』勝海舟（角川文庫）
『夢酔独言他』勝小吉（平凡社）
(14)『吉田松陰』徳富蘇峰（岩波書店）
『吉田松陰』山岡荘八（講談社）
『ひとすじの蛍火 吉田松陰 人とことば』関厚夫（文藝春秋）
『松陰と晋作の志』一坂太郎（ベストセラーズ）
『吉田松陰』徳永真一郎（成美堂出版）
『世に棲む日日』司馬遼太郎（文藝春秋）
(15)『吉田松陰』倉田信晴（明徳出版社）

(16)『日本の名著31 吉田松陰』松本三之介編（中央公論社）
『日本の偉人100人 上・下』寺子屋モデル編著（致知出版社）
(17)『さよなら！ 僕らのソニー』立石康則（文藝春秋）
(18)『ソニーを創った男』小林峻一（ワック）
(19)『あんぱんはなぜ売れ続けるのか』井上昭正（清流出版）
(20)『会津武士道』中村彰彦（PHP研究所）
『保科正之のすべて』宮崎十三八編（新人物往来社）
(21)『武士道』新渡戸稲造／矢内原忠雄訳（岩波書店）
『武士道』新渡戸稲造／夏川賀央現代語訳（致知出版社）
(22)『内村鑑三選集　第4巻』鈴木範久編（岩波書店）
『代表的日本人』内村鑑三／齋藤慎子現代日本語訳（致知出版社）
(23)『武士の家訓』桑田忠親（講談社）
『日本の名著16 荻生徂徠』尾藤正英編（中央公論社）
(24)『日本経営史講座　月報4』足立政男（日本経済新聞社）
(25)『日本の名著31　吉田松陰』松本三之介編（中央公論社）
(26) 関厚夫「紅と白・高杉晋作伝」『産経新聞』平成二十四年十月十七日朝刊
(27)『新編日本古典文学全集4　日本書紀3』小島憲之ほか校注・訳（小学館）

(28)『あんぱんはなぜ売れ続けるのか』井上昭正（清流出版）

(29)『あんぱんはなぜ売れ続けるのか』井上昭正（清流出版）

(30)『豊田佐吉翁に聴く』原口晃
『豊田佐吉』楫西光速（吉川弘文館）

(31)『武士の家訓』桑田忠親（講談社）

(32)『日本経営史講座　第4巻』森川英正編（日本経済新聞社）
『渋沢栄一』渋沢秀雄（渋沢青淵記念財団竜門社）
『日本の歴史20　明治維新』井上清（中央公論社）

(33)『あんぱんはなぜ売れ続けるのか』井上昭正（清流出版）

(34)『あんぱんはなぜ売れ続けるのか』井上昭正（清流出版）

(35)『指揮官』児島襄（文藝春秋）
『参謀』児島襄（文藝春秋）

(36)『日本経営史講座　月報4』足立政男（日本経済新聞社）

(37)『世界金言名言事典』（昭文社）

(38)『経済学原理』マーシャル／馬場啓之助訳（東洋経済新報社）

(39)『経済発展の理論』シュムペーター／塩野谷祐一ほか訳（岩波書店）

(40)『純粋理性批判』カント／篠田英雄訳（岩波書店）

(41)『現代の経営』Ｐ・Ｆ・ドラッカー／現代経営研究会訳（ダイヤモンド社）
(42)『作戦要務令』日本文芸社編（日本文芸社）
(43)『美しい国へ』安倍晋三（文藝春秋）
(44)「いにしえの教え・十七条の憲法」『産経新聞』平成二十五年一月五日朝刊
(45)『源氏物語』紫式部／角川書店編（角川書店）
(46)『小説太平洋戦争』山岡荘八（講談社）
『和歌に見る日本の心』小堀桂一郎（明成社）
『太平洋戦争　上・下』児島襄（中央公論社）
『世界が語る神風特別攻撃隊』吉本貞昭（ハート出版）
『いざさらば我はみくにの山桜』靖国神社企画・編集（展転社）
(47)『高杉晋作』山岡荘八（講談社）
『松陰と晋作の志』一坂太郎（ベストセラーズ）
『人物探訪・日本の歴史15 幕末の英傑』（暁教育図書）
『高杉晋作の手紙』一坂太郎（講談社）

〈著者略歴〉

井上　昭正（いのうえ・あきまさ）

中国大連生まれ。早稲田大学大学院経済学研究科修了。

日本IBM（株）を経て、29歳で独立以来、経営コンサルタント・国際協力専門家として国内外で活躍中。海外では、国連やJICA等の国際協力マネジメント研修プログラムの講師として、40か国以上の開発途上国の企業経営者を経営指導。また北米、ヨーロッパ、アジア諸国で、国際マーケティング、市場調査等の国際ビジネス・プロジェクトに従事。国内では、異なる業界の多くの大・中・小企業のための経営コンサルティング、教育研修、企画を実施。自ら創始した「GSS経営戦略策定法」による経営革新、組織改革、人材育成、マーケティング戦略では、国際的に高い評価を得ている。「『経営道』で世界に輝け、21世紀日本！」をスローガンに「経営は心なり」という「経営道」を唱道し、国内外への振興・普及に邁進中。また21世紀日本を担う有為の青年男女の人材育成に力を入れている。

現在、一般社団法人経営道士風会会長、（株）国際経営協力センター代表取締役、NPO法人国際協力ユースセンター会長を歴任。

全日本能率連盟認定マスター・マネジメント・コンサルタント、国際公認コンサルティング協議会公認マネジメント・コンサルタント。

著書に『あんぱんはなぜ売れ続けるのか』（清流出版）『社員と会社を強くする経営戦略策定法』（生産性出版）他多数。

主な受賞に経済産業省産業政策局長賞、国際アカデミー賞、佐藤栄作賞最優秀賞、国際理解教育賞優秀賞、ベストメン賞、他多数。

経営は道なり心なり

平成二十五年十月十五日第一刷発行

著　者　井上　昭正

発行者　藤尾　秀昭

発行所　致知出版社

〒150-0001東京都渋谷区神宮前四の二十四の九

TEL（〇三）三七九六—二一一一

印刷・製本　中央精版印刷

落丁・乱丁はお取替え致します。　（検印廃止）

ISBN978-4-8009-1009-7 C0095

ホームページ　http://www.chichi.co.jp

Eメール　books@chichi.co.jp